2021年教育部人文社科规划项目

"一带一路"国家

投资便利化水平评估
与法律应对研究

唐海涛◎著

西南财经大学出版社

中国·成都

图书在版编目(CIP)数据

"一带一路"国家投资便利化水平评估与法律应对研究 /
唐海涛著.—成都:西南财经大学出版社,2023.9
ISBN 978-7-5504-5921-2

Ⅰ.①—⋯ Ⅱ.①唐⋯ Ⅲ.①投资环境—评价—研究—世界
Ⅳ.①F112

中国国家版本馆 CIP 数据核字(2023)第 165641 号

"一带一路"国家投资便利化水平评估与法律应对研究
"YIDAI YILU"GUOJIA TOUZI BIANLIHUA SHUIPING PINGGU YU FALÜ YINGDUI YANJIU
唐海涛 著

责任编辑:王甜甜
责任校对:李建蓉
封面设计:墨创文化
责任印制:朱曼丽

出版发行	西南财经大学出版社(四川省成都市光华村街 55 号)
网 址	http://cbs.swufe.edu.cn
电子邮件	bookcj@ swufe.edu.cn
邮政编码	610074
电 话	028-87353785
照 排	四川胜翔数码印务设计有限公司
印 刷	郫县犀浦印刷厂
成品尺寸	170mm×240mm
印 张	11.25
字 数	219 千字
版 次	2023 年 9 月第 1 版
印 次	2023 年 9 月第 1 次印刷
书 号	ISBN 978-7-5504-5921-2
定 价	68.00 元

前言

自 2013 年习近平总书记提出"一带一路"倡议以来，我国一直秉持共商、共建、共享的基本原则，在推动沿线国家和地区的经济合作、政策协调和贸易投资便利化方面起到了积极作用，"一带一路"倡议已经成为广受欢迎的公共产品和国际合作平台。在海外投资领域，对透明度、开放性等便利化因素的积极追求已经成为投资变迁与发展的趋势，海外投资便利化问题已经成为全球投资领域的热点与焦点。在"一带一路"倡议不断推进实施的背景下，我国国内资本在沿线国家和地区持续增长，从整体上把握当前沿线国家和地区的投资便利化水平，对投资东道国海外投资便利化水平进行详细的分析与评估，对我国在共建"一带一路"沿线国家和地区的海外投资能起到重要的参考作用。同时，我国也应当从多个角度来探索共建"一带一路"倡议背景下的海外投资规则的制定和完善，为完善"一带一路"海外投资便利化规则贡献中国智慧。

本书首先以"一带一路"倡议为研究背景，对海外投资便利化的相关问题进行阐述，梳理国内外学者对海外投资便利化的含义、水平、应对策略、合作路径、主要区域、模式、影响等问题的研究现状，总结当前研究的特点与存在的不足；其次，从海外投资和投资便利化的基本内涵入手，对海外投资便利化的基本内容、海外投资便利化的发展历程、海外投资便利化的具体措施及评估等问题进行分析；再次，通过构建海外投资便利化的指标体系与具体指数，梳理和汇总《全球竞争力报告》的国别数据，对 54 个"一带一路"沿线国家和地区的制度环境、基础设施质量、金融环境、劳动力市场、商业活力等的投资便利化水平进行整体分析，同时，利用一、二级指标的具体数据，分别对东盟、南亚、西亚、独联体、中东欧及蒙古等区域和国家的投资便利化水平进行对比分析，再从发达国家、发展中国家、最不发达国家的角度来进行对比，全方位、多视角分析"一带一路"沿线国家和地区的投资便利化水平，并从海外投资便利化规则的推动与完善角度出发，阐述了世界贸易组织（WTO）、二十国集团（G20）、联合国贸易和发展会议（UNCTAD）等国际组织对海外投资便利化规则的探索；最后，从我国作为海外投资母国的视角，对监管、税收、财政、金融、外汇等与海外投资便利化相关的法律制度进行梳理，指出其不足，提出完善建议，同时提出我国双边投资规则中的国民待遇、最惠国待遇、间接征收、安全例外、公平与公正待遇等条款规则的完善建议。从多边规则的角度，全面梳理和分析《区域全面经济伙伴关系协定》《全面与进步跨太平洋伙伴关系协定》相关投资便利化措施的文本规则，特别是对"负面清单"规则进行详细解读，提出共建"一带一路"区域投资便利化机制和规则的构想，并提出我国的应对之策。

唐海涛

2023 年 2 月

目录

第一章　导论 / 1

　　第一节　研究背景、研究价值与研究方法 / 1

　　第二节　国内研究现状 / 4

　　第三节　国外研究现状 / 13

第二章　"一带一路"倡议下海外投资便利化的基本法律问题

　　　　　分析 / 23

　　第一节　海外投资及海外投资便利化的法律界定 / 23

　　第二节　海外投资便利化的法律体现 / 36

　　第三节　海外投资便利化的法律内容 / 40

第三章　"一带一路"沿线国家和地区投资便利化水平评估

　　　　　分析 / 45

　　第一节　投资便利化水平的指标体系分析 / 46

　　第二节　"一带一路"沿线国家和地区投资便利化水平的指标分析 / 54

　　第三节　"一带一路"沿线国家和地区投资便利化水平的对比分析 / 90

第四章 "一带一路"倡议下我国促进海外投资便利化的法规

应对 / 103

第一节 促进海外投资便利化规则的国际探索 / 103

第二节 投资母国视角下我国海外投资便利化法规的完善 / 109

第三节 投资母国视角下我国海外投资便利化双边规则的完善 / 124

第五章 "一带一路"倡议下区域促进海外投资便利化的规则

应对 / 136

第一节 RCEP 的海外投资便利化规则与借鉴 / 136

第二节 CPTPP 的海外投资便利化规则与借鉴 / 146

第三节 完善"一带一路"倡议下海外投资便利化规则的构想 / 159

参考文献 / 168

第一章　导论

第一节　研究背景、研究价值与研究方法

一、研究背景

"一带一路"（the belt and road，B&R）是"丝绸之路经济带"和"21世纪海上丝绸之路"的简称。2013 年 9 月和 10 月，中华人民共和国国家主席习近平在哈萨克斯坦和印度尼西亚分别提出建设"新丝绸之路经济带"和"21 世纪海上丝绸之路"的合作倡议。此后，中国政府将"一带一路"倡议正式纳入国家发展议程，并有条不紊地设计了规则与制度。依靠中国与有关国家既有的双（多）边机制，借助既有的、行之有效的区域合作平台，"一带一路"倡议旨在借用古代丝绸之路的历史符号，高举和平发展的旗帜，积极发展与沿线国家的经济合作伙伴关系，共同打造政治互信、经济融合、文化包容的利益共同体、命运共同体和责任共同体。

共建"一带一路"倡议源于中国，更属于世界。这一倡议植根于古丝绸之路的历史土壤，继承和发扬了以和平合作、开放包容、互学互鉴、互利共赢为核心的丝绸之路精神。共建"一带一路"顺应了世界多极化、经济全球化、文化多样化、社会信息化的潮流，秉持开放的区域合作精神，致力于维护全球自由贸易体系和开放型世界经济；共建"一带一路"旨在促进经济要素有序自由流动、资源高效配置和市场深度融合，推动沿线各国实现经济政策协调，开展更大范围、更高水平、更深层次的区域合作，共同打造开放、包容、均衡、普惠的区域经济合作架构；共建"一带一路"符合国际社会的根本利益，彰显人类社会共同理想和美好追求，是对国际合作以及全球治理新模式的积极探索，将为世界和平发展增添新的正能量。

"一带一路"倡议秉持和遵循共商共建共享原则，致力于实现政策沟通、设施联通、贸易畅通、资金融通、民心相通，是发展的倡议、合作的倡议、开放的倡议。"一带一路"建设跨越不同地域、不同发展阶段、不同文明，是各方共同打造的公共产品。近年来，"一带一路"建设完成了总体布局，得到了众多国家和国际组织的积极响应和参与，联合国大会、联合国安理会等重要决议也纳入了"一带一路"建设内容。中国和相关国家的政策沟通不断深化，设施联通不断加强，贸易畅通不断提升，资金融通不断扩大，民心相通不断促进，为世界经济增长提供了更多动力，为国际经济合作开辟了更大空间。

　　在海外投资领域，随着"一带一路"倡议的推进和实施，我国国内资本加速走向沿线国家和地区。对此，我国提出了"健全促进对外投资政策和服务体系""推动贸易和投资自由化便利化"的发展要求。因此，从法律制度的角度促进我国在"一带一路"沿线国家和地区的海外投资，为我国海外投资提供透明、可预见的便利化投资环境，既是引导我国海外投资健康有序发展、完善海外投资布局的现实需要，也是推动共建"一带一路""积极参与全球治理体系改革和建设"的长远战略。对此进行研究，既具有理论意义，也具有重大的现实意义。

二、研究价值

（一）理论价值

　　本书运用法学、统计学等多学科的研究手段和方法，充分体现了各学科的交叉与融合，具有一定的理论价值。具体而言，一是对相关问题的基本法律理论进行梳理与汇总，有助于拓展我国海外投资便利化法律保障问题研究的学术空间，丰富相关理论。二是有助于改进以往学术界对海外投资便利化相关问题的研究范式，当前很多研究主要集中在"描述性、评介性范式"，没有系统的现实评估和分析。本书运用"实证性、建构性范式"的研究方法，突破了现有研究方式的局限。三是有助于弥补学术界在该问题上的研究不足，为构建"一带一路"倡议下我国海外投资便利化法律保障体系做出积极的学术贡献。

（二）实际应用价值

　　本书的研究通过一定的数据，分析投资便利化的系统性问题，同时充分借鉴有关国家或区域经济协议的相关经验，从投资母国的视角，多路径、多方法构建"一带一路"倡议下我国海外投资便利化法律保障体系。具体应用价值主要包括：一是通过系统研究，梳理我国海外投资便利化的相关法律现状，指出存在的不足并提出相应的完善建议，力图系统地构建我国在相关领域的法律保障体系，为我国海外投资便利化法律保障问题的研究提供系统的指导或参考；二是为目前我国大力推进实施"一带一路"倡议提供帮助，有助于在海外投资便利化方面落实中央"推动共建'一带一路'""积极参与全球规则治理体系改革与建设"等要求，为构建海外投资便利化规则建言献策。

三、研究方法

本书的研究以推动共建"一带一路"高质量发展为背景，立足于我国当下及未来海外投资的发展需要，以"一带一路"区域海外投资便利化的法律应对为研究对象，综合运用法学、统计学等多学科的交叉知识和方法，对当前"一带一路"沿线国家的海外投资便利化水平进行评估分析，并多视角考察我国海外投资便利化法律制度的基本现状，借鉴与海外投资便利化法律规则相关的现有经验，提出"一带一路"倡议下我国海外投资便利化法律体系的完善建议；结合目前"一带一路"沿线国家海外投资便利化的具体现状，系统阐述"一带一路"海外投资便利化的区域规则应对问题。对此，本书主要采取了以下研究方法：

（一）文献分析法

在本书写作前期，笔者查阅了大量文献，进行了大量的理论探讨和调研，获取了较为客观的前期研究基础性资料。通过对国内外相关研究文献的搜集，梳理和分析有关海外投资便利化法律制度的基本形式、具体内容，以及其在适用中存在的问题，从而对当前国内外海外投资便利化法律制度的基本发展进行总结和判断。

（二）统计分析法

本书运用统计学的方法，查阅各类投资报告、商务部的全球法律数据库、世界贸易组织（world trade organization，WTO）官网数据库、外文电子资源数据库及世界著名法律专业数据库，对相关数据资料进行梳理、汇总、统计和分析，得出相应的研究结论，为本书的研究奠定坚实的基础。

（三）比较研究法

本书在进行"一带一路"沿线国家海外投资便利化水平评估分析时，

从不同指标领域、不同区域、不同发展水平等来对比分析；同时，对比分析相关区域、双边、国内等相关法律规则，对其中涉及或影响投资便利化的基本法律制度进行对比分析，总结其特点，分析其不足；并依据对比分析的结论，提出相应的完善建议，为"一带一路"倡议下促进海外投资便利化的法律应对确定方向。

（四）量表分析法

本书根据汇总分析所获得的相关研究数据，分析相应的投资便利化指标体系，依据对应的数据，对共建"一带一路"主要沿线国家的投资便利化水平进行分析，通过汇总分析数据，得出相关评估数据，为构建和完善"一带一路"倡议下海外投资便利化法律体系提供参考与借鉴。

第二节　国内研究现状

目前，海外投资已然成为很多国家发展外向型经济、促进本国经济结构转型升级的重要路径。特别是进入 21 世纪以来，除了传统的资本主义发达国家，新兴经济体也在海外投资市场中积极行动，推动全球海外投资市场蓬勃发展。如何促进海外投资的便利化成为当前国际社会关注和研究的焦点问题，国内很多学者或组织从不同视角对海外投资便利化问题进行了研究。

一、投资便利化的含义

这类研究主要从投资便利化的基本内涵、特征、范围等方面入手，对相关概念进行了基本界定。有的学者（鲍怡婕，2018）[①] 认为，投资便利化从最初属于投资的基本原则，到后来发展成为有详细内容的议题，经历了一个从广义到狭义的过程，可以从投资便利化的演变、相关概念的区别等角度来阐述其内涵与外延。还有的学者（邱楚君，2019）[②] 认为，目前的投资便利化还没有统一的定义或内涵，投资便利化就是各个国家在投资领域做出的一些制度安排和政策措施，具体内容还不稳定，没有一个共识

---

① 鲍怡婕. "投资便利化"的明晰及对中国的参与建议 [J]. 国际经济法学刊，2018（4）：61-72.

② 邱楚君. 国际投资便利化协定的中国视角 [D]. 厦门：厦门大学，2019.

性的范围。但是投资便利化的焦点应当是通过减少国内外投资者面临的当地的障碍、低效和不必要的繁文缛节，实现更加透明、高效和可预期的投资友好型商业环境的各项措施。

有的学者（乔敏健，2017）[①] 认为，投资便利化的实质就是创造一个透明、协调和可预见的环境，其目的在于使东道国对外资准入的程序措施具有边界性、动态性，其目的是简化程序，降低交易成本。同样，有的学者（王璐瑶、葛顺奇，2019）[②] 明确指出，投资便利化可能很少会涉及实体内容，主要涉及程序性事项，包括减少烦冗的投资审批程序和设立一站式服务窗口等。

也有学者（卢进勇、冯涌，2006）[③] 直接给出了明确的界定，认为国际直接投资（foreign direct investment，FDI）的便利化主要是用来简化并协调投资者在 FDI 活动中所涉及的各种程序，旨在为国际直接投资活动创造一种协调、透明和可预见的环境，其内容包括投资促进中的部分措施、减少投资者权利限制、减少与行政效率和腐败行为等有关的"紊乱成本"、提供信息服务与技术支持、融资便利活动及国际政策协调等。观点与此类似的学者还比较多，如有的学者（马文秀、乔敏健，2016）[④] 认为，投资便利化就是东道国为了吸引外资所实施的所有能使环境的投资透明度、协调性和可预见性增强的措施或政策，它能简化投资活动中的程序事项，降低交易成本，从而更有利于外资在准入阶段和准入后的运营阶段有更好的法律制度保障，以促进投资市场的自由流动和顺利运营。

二、"一带一路"国家投资便利化水平的评估研究

这一类的研究主要是应用了经济学、统计学的知识，通过模型或数据分析对"一带一路"国家投资便利化水平进行测度与评价，得出相应的结论。在众多的研究中，由于角度和选择范围的不同，目前的相关研究结果

---

① 乔敏健. "一带一路"投资便利化及对中国对外直接投资的影响研究 [D]. 保定：河北大学，2017.

② 王璐瑶，葛顺奇. 投资便利化国际趋势与中国的实践 [J]. 国际经济评论，2019（4）：140.

③ 卢进勇，冯涌. 国际直接投资便利化的动因、形式与效益分析 [J]. 国际贸易，2006（9）：91.

④ 马文秀，乔敏健. "一带一路"国家投资便利化水平测度与评价 [J]. 河北大学学报（哲学社会科学报），2016（5）：85.

存在一定的差异。然而，所有的研究基本上都是对相关数据进行了一定模型或公式的计算，呈现的数据也基本属于定量结果，没有基本过程的展现。

有的学者（崔日明、黄英婉，2016）① 对"一带一路"国家投资便利化水平测度的指标体系进行了梳理，并对世界贸易组织、亚太经合组织（asia-pacific economic cooperation，APEC）、经济合作与发展组织（organization for economic co-operation and development，OECD）、世界银行（the world bank，WB）、世界经济论坛（world economic forum，WEF）、世界海关组织（world customs organization，WCO）等国际组织的测评体系进行了分析，选择了相应的指标进行数据统计。有的学者（张亚斌，2016）② 结合《营商环境报告》（doing business report，DBR）、《投资便利化行动计划》（investment facilitation action plan，IFAP）、《双边投资协定》（bilateral investment treaty，BITs）以及《世界投资报告》（world investment report，WIR）中的最新体制规则和评价思想，从投资便利化本质内涵出发，基于基础设施、商业环境、信息技术、金融服务、制度供给五大方面系统构建了投资便利化测度体系，将指标体系细化为 24 个二级指标，并对相应的指标权重进行了分类。

有的学者（马文秀、乔敏健，2016）③ 通过系统构建投资便利化测评体系，采用《全球竞争力报告》的相关数据，运用因子分析法对"一带一路"沿线部分国家的投资便利化水平进行了测评比较。有的学者（朱明侠、左思明，2019）④ 通过设立二级指标体系来检测"一带一路"国家的投资便利化水平，将基础设施、法制环境、金融与电子商务、劳动力市场四个方面作为投资便利化测评体系的一级指标，并将该指标细化分为 21 个二级指标，使测评更加完整、系统、科学。也有学者（段秀芳、殷祺昊，

---

① 崔日明，黄英婉."一带一路"沿线国家贸易投资便利化评价指标体系研究 [J]. 国际贸易问题，2016（9）：153-161.
② 张亚斌.一带一路"投资便利化与中国对外直接投资选择：基于跨国面板数据及投资引力模型的实证研究 [J]. 国际贸易问题，2016（9）：165.
③ 马文秀，乔敏健."一带一路"国家投资便利化水平测度与评价 [J]. 河北大学学报（哲学社会科学报），2016（5）：86-93.
④ 朱明侠，左思明."一带一路"沿线国家投资便利化的评价体系研究 [J]. 广东社会科学，2019（1）：48-49.

2020)① 采用同样的四个一级指标，但是在二级指标设置方面存在不同，分析的基本结论也会存在一定差异。还有学者（于津平，2020)② 采用组织分层技法，将各年《全球竞争力报告》的数据进行分析，通过设置更多的二级指标进行数据分析，基本结论也有差异。

三、提升"一带一路"国家投资便利化水平的策略研究

这类研究有的通过提出具体的建议来阐述未来提升"一带一路"国家投资便利化水平所依赖的路径、采取的策略等，带有很强的政策参考性。总体而言，大部分的建议和参考是概括性、抽象性的，可操作性比较有限。还有的研究从比较宏观的层面进行了阐述，没有考虑"一带一路"区域情况复杂的一面，所提出的应对策略更多是相关阐述，基本没多少真正的参考价值。

有学者（庞敏、张志伟，2019)③ 从目前提升"一带一路"区域投资便利化面临的问题入手，指出在逆全球化浪潮的背景下，"一带一路"沿线国家投资的准入成本较高、政策协调难度较大、不稳定因素较多，使得投资便利化的相关机制难以形成；认为未来各国可以依托跨境电子商务、自贸区和软文化实力重构"一带一路"沿线国家的供应链体系、价值链体系与跨文化认同，提高"一带一路"沿线国家的投资便利化水平。有的学者（马文秀、乔敏健，2016)④ 从加强"一带一路"沿线各国的政策沟通、推进基础设施互联互通、加强财政政策与货币政策协调、健全金融服务体制、营造良好的制度环境等方面提出建议。

而有的学者（朱明侠、左思明，2019)⑤ 总结了目前"一带一路"国家投资便利化面临的主要障碍：各国经济发展差距较大、投资侧重点不同，投资便利化水平较低、分布不均衡，区域政治风险较高。对此，有的

---

① 段秀芳，殷祺昊."一带一路"沿线国家投资便利化：水平、挑战与对策：基于熵值法的测度分析 [J]. 新疆财经，2020（2）：63-65.

② 于津平."一带一路"沿线各国投资便利化：事实与对策 [J]. 对外经贸实务，2020（2）：6-9.

③ 庞敏，张志伟."一带一路"沿线国家投资便利化问题研究 [J]. 理论探讨，2019（4）：110-114.

④ 马文秀，乔敏健."一带一路"国家投资便利化水平测度与评价 [J]. 河北大学学报（哲学社会科学报），2016（5）：93.

⑤ 朱明侠，左思明."一带一路"沿线国家投资便利化的评价体系研究 [J]. 广东社会科学，2019（1）：52-53.

学者提出各国应加强基础设施建设，改善金融环境，创新经贸合作路径。有的学者（段秀芳、殷祺昊，2020）[①] 认为，目前"一带一路"国家投资便利化面临的问题主要是：投资便利化整体水平不高、投资风险较大，沿线国家所处的经济发展阶段不同、引进外资的需求也不同，沿线国家时局动荡、政策波动较大。对此，学者提出应该加强各国互联互通建设，维护透明高效的制度环境，保障投资者权益，深化双边金融合作，完善投融资体系，积极加强国际劳务合作，重视劳工关系。

也有学者（文洋，2017）[②] 从沿线国家的投资规则和政策的角度来阐述目前存在的问题，主要包括歧视性投资政策、政策数量与性质，具体包括投资准入壁垒、土地政策、劳工本地化政策、环保政策、税收政策等方面的障碍，并简单地提出应从合作共赢、分类施策的角度进行改善。

四、RCEP 投资便利化问题研究

2020 年 11 月 15 日，《区域全面经济伙伴关系协定》（regional comprehensive economic partnership，RCEP）成功签署。该协定内容涉及大量规则条款，其中值得关注的一个领域就是投资及其便利化措施。因为 RCEP 的成功签署也属于"一带一路"倡议背景下的最新成果，很多学者开始积极探索和研究 RCEP 的投资便利化问题。

有学者（张礼卿、孙瑾，2021）[③] 专门梳理了 RCEP 的投资章节，并对投资便利化条款进行了分析，对 RCEP 中的投资便利化条款、中国与 RCEP 成员国家的投资便利化发展渊源进行研究，并从自由贸易协定（free trade agreement，FTA）的角度进行了分析，如对中国—澳大利亚自由贸易协定（简称"中澳 FTA"）、中国—韩国自由贸易协定（简称"中韩 FTA"）中的相关投资便利化规则进行了对比分析，从经济学的视角探索了 RCEP 投资便利化规则给我国产业带来的影响。也有学者（王彦志，2021）[④] 认为，RCEP 的达成对整个亚太地区的经贸发展起到重要影响，是当前区域贸易协定中的典范。关于投资章节的相关规则，体现了兼顾投资保护、促

---

① 段秀芳，殷祺昊."一带一路"沿线国家投资便利化：水平、挑战与对策：基于熵值法的测度分析 [J]. 新疆财经，2020（2）：66-68.

② 文洋."一带一路"投资规则发展趋势与协调策略 [J]. 理论视野，2017（12）：68-70.

③ 张礼卿，孙瑾. RCEP 投资便利化条款及其影响 [J]. 长安大学学报（社会科学版），2021（2）：25-26.

④ 王彦志. RCEP 投资章节：亚洲特色与全球意蕴 [J]. 当代法学，2021（2）：44-57.

进、自由化、便利化和东道国正当公共政策目标规制权的高水平、平衡化的全球发展趋势。同时，RCEP 投资章节的规则表述体现了很多亚洲地域特征，主要包括：审慎节制的投资保护条款、渐进务实的投资准入自由化条款、具体细化的投资促进与便利化条款、以例外条款为主的东道国规制权和社会条款、灵活包容的发展条款、暂时搁置的投资者与国家间争端解决条款。当然，学者也指出了 RCEP 投资章节过度限制了公平公正待遇、可能过度限制了间接征收认定标准、缺失了合作性的可持续发展与社会条款、搁置了投资争端解决条款、增加了国际投资法的复杂性等。未来各成员应进行充分评估，探索有效的发展战略，应对 RCEP 带来的挑战做好充分准备，以更好地实现投资保护、促进、自由化和便利化，促进 RCEP 各成员的经济合作和可持续发展。

同时，也有学者（黄萍、刘帅、朱佳怡，2021）[①] 从 RCEP 投资便利化规则对我国对外投资可能产生的影响进行了分析。总体而言，这些规则将对我国海外投资产生更多积极、正面的影响。具体而言，可能会在获得海外投资机会、海外投资安全保障，增强海外投资质量，促进国内相关法规建设，提升国内营商环境、更好解决争端等方面产生积极影响。

五、其他区域性投资便利化问题研究

APEC 投资便利化在相关能力建设、评估考核机制等方面取得了一些进展，并在一定程度上改善了地区内投资环境。有学者（沈铭辉，2009）[②] 从阐释 APEC 关于投资便利化的含义入手，分析了 APEC 投资便利化的目标和原则，并对 APEC 投资便利化发展状况与未来走向进行了预测与分析。也有学者（陈双，2006）[③] 从综合研究的视角来探索 APEC 投资自由化、便利化的问题，认为 APEC 贸易自由化、便利化的进展更好，而投资便利化则进展缓慢。主要原因是各成员经济发展差距较大，本国经济发展目标与区域投资便利化发展目标还存在较大差距。对此，我国政府和企业应当积极合作，进行多种形式的海外投资和积极完善相关法规。还有学者（闫

[①] 黄萍，刘帅，朱佳怡. RCEP 投资规则对中国双向直接投资的影响与策略选择 [J]. 对外经贸实务，2021（9）：29-32.

[②] 沈铭辉. APEC 投资便利化进程：基于投资便利化行动计划 [J]. 国际经济合作，2009（4）：41-46.

[③] 陈双. APEC 投资自由化和便利化的进展及中国对策 [D]. 北京：对外经贸大学，2006.

小明、梁丹旋、黄森，2021)[①] 从经济学视角对 APEC 投资便利化的水平进行了评估，主要选取了基础设施、制度环境、投资环境和金融市场四大一级指标和 17 个二级指标构建投资便利化综合评价体系，分别运用主成分分析法和熵值法测算出 APEC 成员的投资便利化水平，对如何提高我国投资便利化水平提出建议。

东盟国家在经贸领域与我国有十分密切的关系，"一带一路"倡议的提出为我国和东盟国家都带来了新的发展机遇。国内相关研究不断增多，主要有以下几个方面。有学者（李鸿粤，2020)[②] 从我国在东盟国家的海外投资现状入手，通过建立投资便利化指标体系来具体评估东盟各国投资便利化水平；同时，采用经济学的引力模型测算投资便利化对吸引我国对其直接投资的影响，并从基础设施建设、金融制度完善、营商环境改善等方面提出相关建议。关于我国与东盟投资便利化的具体内容，有学者（魏艳茹，2019)[③] 分析认为主要包括投资规则的透明度、信息的可得性、投资规则适用的一致性和可预测性、提高与投资相关的行政程序的效率、加强投资便利化的国际合作、通过加强投资促进各方面的国际合作以补充投资便利化的不足等方面。目前我国与东盟投资便利化发展的主要障碍，有的学者（李轩，2016[④]；魏艳茹，2019[⑤]）分析认为主要包括以下几个方面：各成员国政治、经济、科学技术发展水平差异较大，对投资便利化的认识不统一；各成员国的政策、标准复杂，协调困难，各国法律机制呈"碎片化"状态；未建立利益相关者在投资规则领域的建设性参与机制；未设定投资便利化牵头机构或者联络点、协调机构；投资便利化国际合作架构中缺乏定期协商机制；国际投资保护主义抬头阻碍投资便利化。对于东盟国家投资便利化对我国 FDI 的影响，有学者（徐洋洋，2020)[⑥] 从纯粹的经济学角度进行阐释，运用扩展投资引力模型的全样本数据来进行定

---

① 禹小明，梁丹旋，黄森. 亚太经合组织成员投资便利化水平测度研究 [J]. 北方经贸，2021 (2)：12-17.

② 李鸿粤. 东盟投资便利化对中国向东盟直接投资的影响研究 [D]. 南京：南京理工大学，2020.

③ 魏艳茹. 中国—东盟投资便利化法律机制研究：以中国（广西）自贸区建设为背景 [J]. 广西大学学报（哲学社会科学版），2019 (5)：55-56.

④ 李轩. 中国与东盟投资便利化的进展与合作研究 [J]. 东南亚纵横，2016 (5)：34-35.

⑤ 魏艳茹. 中国—东盟投资便利化法律机制研究：以中国（广西）自贸区建设为背景 [J]. 广西大学学报（哲学社会科学版），2019 (5)：56-58.

⑥ 徐洋洋. 东盟十国投资便利化与中国对外直接投资 [J]. 甘肃金融，2020 (9)：57-62.

量分析，得出相关结论，并提出了简单的建议。对于我国与东盟国家如何在投资便利化领域进行合作，有学者（李轩，2016）① 通过分析我国与东盟投资便利化合作的良好基础，提出应该从加强投资环境的稳定性、保护投资及财产安全、提高投资审批效率、建立建设性的利益攸关者关系、运用新科技新程序改善投资环境、广泛开展国际合作等方面开展合作。

除了前文所述的几个重点区域，还有一些区域贸易的投资便利化问题得到了一些学者的关注。有学者（曹监平，2012）② 对泛北部湾区域经济合作的便利化问题进行了探索，通过梳理泛北部湾区域经济合作的基本现状，对当前合作存在的问题进行了总结，探讨了该区域推进贸易与投资便利化合作面临的主要障碍，以及应该优先发展的领域，提出了促进贸易与投资便利化合作的具体措施和政策建议。也有的学者（李新英、周姿汝，2020）③ 从"丝绸之路经济带"贸易投资便利化的角度来研究部分国家的贸易投资便利化水平：通过设立贸易投资便利化综合评价指标体系，运用主成分分析法，分析沿线各国的投资便利化水平、特点及原因；提出应当从基础设施和营商环境改善、加强政策沟通、增进政治互信、为多边经贸合作提供安全保障等角度来提高便利化水平。有的学者（刘永辉、赵晓晖，2021）④ 对中东欧国家的投资便利化问题进行了研究，其基本方法仍然是通过构建系统的中东欧投资便利化测度体系，分析中东欧投资便利化对中国对外直接投资的影响，测算中国对外直接投资效率。这些研究为提高我国在中东欧地区的投资效率、促进双边投资进一步发展提供了实证经验，有助于中东欧各国发挥自身优势，深化双边合作。

六、投资便利化的其他相关研究

国内投资便利化问题的研究主要从以下几个方面进行：一是影响投资便利化的因素研究。有学者（黄绥彪、赵乐为、李季骏，2007）⑤ 认为，

---

① 李轩. 中国与东盟投资便利化的进展与合作研究 [J]. 东南亚纵横, 2016 (5): 35-36.

② 曹监平. 泛北部湾区域贸易与投资便利化合作 [J]. 国际经济合作, 2012 (9): 70-74.

③ 李新英, 周姿汝. 丝绸之路经济带"沿线国家贸易投资便利化水平时空分析 [J]. 新疆财经, 2020 (5): 70-80.

④ 刘永辉, 赵晓晖. 中东欧投资便利化及其对中国对外直接投资的影响 [J]. 数量经济技术经济研究, 2021 (1): 83-97.

⑤ 黄绥彪, 赵乐为, 李季骏. 中国—东盟投资所面临的金融问题分析 [J]. 广西大学学报 (哲学社会科学版), 2007 (5): 4.

影响国内投资便利化的因素是非常多元的，涉及基础设施、法规政策、科学教育等。也有学者（祝珂昕，2015）[①] 认为，影响国内投资便利化的因素还包括投资准入、金融监管、争端解决机制等方面。二是促进国内投资便利化的路径研究。对这一问题的分析，现有研究都比较宏观，较少涉及具体法律制度的阐释。有学者（唐礼智，2008）[②] 认为，放宽投资管理体制、建立更加有效的评估指标和组织机构等是促进国内投资便利化的路径；有的学者（刘重力、杨宏，2014）[③] 则直接提及国内投资便利化机制的设立问题，认为国内投资便利化必须建立完善的制度体系，设立常设性的组织和协调机构；还有的学者（张建华，2011）[④] 认为，现有的国内体制和机制并不能适应投资发展的需求，应该渐进和有层次地推进国内投资便利化的机制改革。三是国内自贸区的便利化研究。有学者（余劲松，2004）[⑤] 认为，在不同的区域，投资政策存在一定的差异，国内部分区域的外资政策创新对一国外资政策改革和外资环境的改善具有重要意义；有的学者（郭远来，2015）[⑥] 认为，目前国内自贸区投资便利化主要通过审批、金融、外汇、保险等领域的制度改革来推动。

我国与相关区域的投资便利化合作研究主要探讨了我国与相关区域的投资便利化合作，提出了一些方向性思考，主要有三个方面：一是合作障碍研究。有学者（邱毅敏，2008）[⑦] 认为，在众多的障碍困难中，法律制度的差异是投资便利化合作的最大障碍，而发展水平、社会制度、政治形态等因素也会产生一定阻碍。二是保障体系研究。有学者（刘笋，2006）[⑧] 从体系角度进行了思考，认为区域投资便利化合作保障体系应由政策性规

① 祝珂昕. 中国（上海）自由贸易试验区投资便利化法律问题研究 [D]. 北京：北京交通大学，2015：19.
② 唐礼智. 我国企业海外投资政策体系的战略转型 [J]. 中国经济问题，2008 (6)：5.
③ 刘重力，杨宏. APEC 贸易投资便利化最新进展及中国的策略选择 [J]. 亚太经济，2014 (2)：7.
④ 张建华. 加速中俄相互直接投资便利化的路径研究 [D]. 哈尔滨：黑龙江大学，2011：28.
⑤ 余劲松. 中国发展过程中的外资准入阶段国民待遇问题 [J]. 法学家，2004 (6)：6.
⑥ 郭远来. 上海自贸区投资便利化研究 [D]. 南宁：广西大学，2015：35-40.
⑦ 邱毅敏. 亚太经济合作投资便利化与中国技术进步 [J]. 学术评论，2008 (2)：33-36.
⑧ 刘笋. 国际投资与环境保护的法律冲突与协调：以晚近区域性投资条约及相关案例为研究对象 [J]. 现代法学，2006 (6)：11.

定向法律化转变。三是规则治理研究。有学者（黄光灿、王珏，2016）①从国际投资规则治理角度探讨投资便利化合作问题，提出特别应关注区域投资便利化合作问题，加强区域统一协调机制条款的设立。

虽然目前国内研究对海外投资便利化的相关问题有所述及，但比较零散，缺乏系统性，很少从推动共建"一带一路"高质量发展背景去分析我国海外投资便利化的法律保障问题，更缺乏对法律保障体系的专门性、建构性研究。现有相关成果的实证性分析缺少全面性，也没有进行不同层次的对比分析，导致相关研究还是不够细致和系统。

第三节 国外研究现状

与国内的研究相比，国外对投资便利化相关问题的研究起步较早，国外研究较早关注了投资便利化问题，其中既有发展趋势判断，也有具体问题的探析，主要有以下几个方面的研究。

一、投资便利化的内涵与范围研究

WTO 在早期就开始关注投资便利化问题，并在后面的多边谈判进程中将投资便利化问题纳入了讨论的范围，对概念和具体内容的范围进行了不断的探索，并对投资便利化的内涵进行解读。如 2017 年 12 月第 11 届 WTO 部长级会议通过的《投资便利化促进发展部长级联合声明》呼吁开始"以制定投资便利化多边框架为目标的结构化讨论"。

有的学者（Cooke J, Evans P, Findlay L, 2003）② 认为，投资便利化是指一套切实可行的措施，旨在提高投资框架的透明度和预测能力，简化与外国投资者有关的程序，加强东道国和母国政府、外国投资者和国内企业等利益相关者的协调与合作。在具体的范围方面，有的学者（Group W B, 2018）③

---

① 黄光灿，王珏. 中国对丝路国家直接投资便利化实施路径研究［J］. 财经理论研究，2016（4）：10.

② COOKE J, EVANS P, FINDLAY L. Expanding WTO rules? Should there be WTO rules oncompetition, investment, tradefacilitation and transparency ingovernment procurement? A federal trust report on the Singapore issues［J］. Federal Trust for Education & Research，2003（1）：78.

③ GROUP W B. Global investment competitiveness report 2017/2018［M］. World Bank Publications，2018.

认为，除了市场规模、基础设施和劳动力等经济基本面之外，发展中国家投资便利化因素与监管环境的可预测性、透明度和宽松程度有关。

有的学者（Echandi R，Sauve P，2020）① 从全球海外投资发展历史的角度来解读投资便利化的问题，并将其与海外投资规则进行比较，认为当前很多海外投资协定（international investment agreements，IIAs）是不平衡的，因为协定对东道国施加了具有约束力和可执行性的规则，而外国投资者几乎不承担任何责任。相比之下，投资便利化不涉及国际投资协定提出的争议性问题。

有的学者（Berger A，Gsell S，Olekseyuk Z，2019）② 认为，尽管投资便利化目前没有统一的定义，但其目标主要是为投资者提供一个透明、可预测和高效的监管和行政框架。投资便利化应该包含一个较为广泛的措施集合，如提高投资相关法律法规的透明度以及允许通过电子系统便捷地访问主管当局。此外，投资便利化也可能涉及建立一个提供投资相关信息、帮助投资者解决他们遇到的问题的国家联络点，从而更好地促进国内和国际相关机构之间的合作。

同时，也有学者（Sauvant K，2016）③ 对海外投资便利化的具体范围进行了分析，从不同角度对其范围和指标进行了探讨，认为目前 IIAs 中的投资便利化要素还比较模糊，有关投资便利化的明确条款在 IIAs 中仍然不常见，但在未来的贸易或投资协定中应当考虑明确设置便利化条款，也应该具有一般的范围。协定主要应当包括以下要素：关于改善投资环境的规定、消除投资的官僚障碍、投资许可的便利化、为投资相关人员的入境和逗留提供便利、透明度、投资问题的能力建设、投资融资、保险计划设立前的投资者服务、保险计划设立后的投资者善后管理、与投资者和私营部门的关系、投资便利化方面的合作与机构。有学者（Ghouri A，2018）④ 从趋同的角度来阐述，认为改善投资环境是一个核心要素，因为它包含在所

---

① ECHANDI R，SAUVE P. Investment facilitation and mode 3 trade in services：are current discussions addressing the key issues？［J］. Policy Research Working Paper Series，2020（2）：98-102.

② BERGER A，GSELL S，OLEKSEYUK Z. Investment facilitation for development：a new route to global investment governance［J］. Briefing Papers，2019（3）：106.

③ SAUVANT K. The evolving international investment law and policy regime：ways forward，synthesis of the policy options［M］. Social Science Electronic Publishing，2016.

④ GHOURI A. What next for international investment law and policy？A review of the UNCTAD global action Menu for Investment Facilitation［J］. Manchester Journal of International Economic Law，2018，15（2）：190-213.

有其他具有投资便利化要素的不同条款中。这些条款中最常见的是关于透明度、成立后活动以及与投资者和私营部门的关系。

另外，也有学者（Berger A，Dadkhah A，Olekseyuk Z，2021）①从投资便利化的具体指标的角度来阐释其范围，根据每个指标应当包含的主要范围来进行解读。一般而言，主要包含几个方面：①透明度和可预测性，包括提供全面、清晰和最新的投资制度图；②促进简化立法，包括简单的语言起草；③电子治理，包括建立单一窗口和信息以及通信技术的使用；④应用新技术来改进应用和审批程序；⑤合作，包括利用旨在建立投资专业知识的国际和区域举措；⑥提供制度化机制以支持国内协调；⑦申请程序，包括建立明确的标准和透明的行政决策程序；⑧减少费用，降低收费的复杂性；⑨负责任的商业行为和反腐败，包括提供有关国家是否已纳入并支持良好治理和企业是否承担社会责任的信息、打击腐败；⑩联络点和审查，包括提供改善东道国政府和利益相关者之间的关系或促进联系的机制；⑪接收投资者的投诉，帮助他们解决困难或进行政策宣传；⑫建立以合理的成本解决纠纷的有效机制，包括私人仲裁服务；⑬提供框架来识别和解决投资者遇到的问题。

二、区域投资便利化问题研究

国际机构或学术界对区域投资便利化的研究主要集中在亚太、东盟、中亚、中东欧等地区，主要是对这些区域的资本流动与区域协定和法规的现状进行了分析，并对未来可能促进投资便利化的路径进行了研究。

在亚太区域，很多学者对 APEC 在促进该地区投资自由化和便利化方面的作用进行了分析。有的学者（Austria，Myrna S，2002）②认为，应重点关注 APEC 在实现自由和开放投资目标方面取得进展的过程和机制，APEC 成员投资制度的开放性和透明度水平的提高在促进投资制度自由化和促进该地区投资流动方面发挥了重要作用。也有学者（Hu，Richard W X，2009）③认为，目前 APEC 的便利化机制还存在很多的问题，未来还有

---

① BERGER A, DADKHAH A, OLEKSEYUK Z. Quantifying investment facilitation at the national level：Introducing a new index [J]. Discussion paper, 2021 (9)：95–96.

② AUSTRIA, MYRNA S. Investment Liberalization and facilitation in Asia–Pacific：can APEC make a difference? [J]. Annual Alliance Meeting of APEC Research Centers, 2002 (22)：46.

③ HU, RICHARD W X. APEC and the future Asia–Pacific regional architecture [J]. U.S. Foreign Policy Interests, 2009, 31 (1)：12–22.

很大的发展空间。APEC 面临的挑战可以成为新一轮 WTO 投资便利化议题谈判的催化剂，APEC 投资便利化的实际发展可以影响 WTO 有关投资议题的发展。与此同时，APEC 可以利用 WTO 进程来实现自己的目标和议程。

有学者（Barra B，Graham E，1997）[①] 从历史发展的视角来分析，认为 APEC 成员经济体的外资政策经历了一个从保守到逐渐开放的过程。具体而言，从 20 世纪 80 年代末到 20 世纪 90 年代初，APEC 涉及的一些成员经济体对 FDI 采取的是高度限制性的政策，原因在于这些经济体担心跨国公司会控制其国内经济中的重要活动。然而，在 20 世纪 90 年代后，亚洲一些新兴工业化经济体的发展经验在很大程度上消除了 APEC 成员的一些顾虑。有的学者（Bora，Bijit K，1997）[②] 也认为，来自欧美发达经济体的跨国公司投资，对很多成员国的经济的发展起到了促进作用，跨国公司投资带来的资本、技术、管理技能和其他专业知识在这些经济体的经济增长中发挥了重要作用。因此，许多经济体开始将其 FDI 制度重新定位为更加开放和减少监管。然而，有学者（Rajan R S，Lee H H，2011）[③] 认为，FDI 的流动促进了投资国的产业调整，因为它使它们能够将其劳动密集型产业转移到劳动力相对廉价的亚洲，作为其保持竞争力的全球战略的一部分。因此，很多 APEC 成员后来制订了海外投资领域开放计划，即 APEC 的目标是不迟于 2010 年为其发达成员经济体、2020 年为其发展中成员经济体提供自由和开放的投资。

东盟区域一体化进程的推进，使得这一区域的投资便利化问题也为很多学者所关注。有学者（Rivera J P R，Lagdameo B R S，2013）[④] 认为，东盟成员在贸易和投资自由化的一致行动与合作框架下可以做出更有力的承诺，特别是进一步促进成员之间的贸易与投资自由化承诺，加快和协调贸易投资自由化、便利化。也有的学者（Itakura K，2013）[⑤] 认为，东盟贸

① BARRA B, GRAHAM E. Can APEC cash in on investment? APEC: progress to date and a future agenda [J]. Institute for International Economics, 1997 (10): 69-82.

② BORA, BIJIT K, EDWARD MONTGOMERY GRAHAM. Non-binding investment principles in APEC [J]. University of Adelaide, Centre for International Economic Research, 1995 (10): 237-248.

③ RAJAN R S, LEE H H. Cross-border investment linkages among APEC economies: A case study of foreign direct investment [J]. Korea Trade, 2011, 15 (3): 89-123.

④ RIVERA J P R, LAGDAMEO B R S. Establishment of ASEAN economic community through Investment Integration [J]. Asia-Pacific Social Science Review, 2013, 13 (1): 98

⑤ ITAKURA K. Impact of liberalization and improved connectivity and facilitation in ASEAN for the ASEAN Economic Community [J]. ERIA Discussion Paper, 2013 (10): 23-25.

易和投资自由化应该是多边化的，而不是对东盟成员国的优惠，东盟成员国应在贸易和投资自由化、便利化方面寻求连贯和一致，扩展贸易和投资的范围。同时，东盟成员国可以考虑单方面或集体建立结构调整、改革援助和能力建设的设施，以缓解各种不利影响所带来的困难。

有的学者（Itakura K，2014）① 对东盟投资自由化和便利化对区域经济的贡献进行了分析，认为投资便利化是区域经济一体化的组成部分，投资便利化有利于相关经济体的结构调整和区域经济一体化动态效应的实现。投资也可以利用商品和服务贸易自由化带来的机会促进结构调整。具体如何调整？有的学者（Wee Kee Hwee & Hafiz Mirza，2012）② 认为，结构调整和新机遇的开拓，可能需要产业从劣势位置向更有竞争力的位置转移，改变和升级生产技术、扩大产能、提供配套服务和产业、增加新的投资。投资自由化和便利化将使企业以较低的成本获得资本，从而能够进行更充分的调整和开发。因此，深化东盟经济一体化，投资自由化和便利化至关重要。

有的学者（Chaisse J & Jusoh S，2016）③ 对未来的发展进行了分析，认为东盟全面投资协定（ASEAN comprehensive investment agreement，ACIA）将为所有投资者及其投资提供更强的保护。ACIA 条款将得到加强，以纳入有关投资者与国家的争端解决机制，资本、利润、股息等的转移和汇回，征用和补偿的透明覆盖，全面的保护和安全，以及因冲突造成的损失的赔偿处理。最后，有学者（Nipawan P，2015）④ 为改善国家投资便利化环境和整体投资环境，提出以下建议：消除官僚主义的繁文缛节和政府腐败；加强适用于所有地区的税收规则；改善经济特区内外的基础设施（道路和交通条件）；允许外国人拥有用于商业和工业用途的土地和建筑物；发展支持性产业电子与半导体产业，提升国家在该领域的竞争力；并强化

① ITAKURA K. Impact of liberalization and improved connectivity and facilitation in ASEAN［J］. Journal of Asian Economics，2014，35（3）：2-9.

② WEE，KEE HWEE，HAFIZ MIRZA. Asean investment cooperation：review，development and prospects［J］. Future Foreign Investment in Southeast Asia.，2012（7）：224-236.

③ CHAISSE J，JUSOH S. ASEAN comprehensive investment agreement：regionalization of foreign investment law and policy［J］. Edward Elgar Press，2016（4）：78-82.

④ NIPAWAN P. The ASEAN way of investment protection：an assessment of the ASEAN comprehensive investment agreement［J］. University of Glasgow，2015（4）：78-98.

该国的安全、和平与秩序。

对于中东欧区域，一些学者从历史与现实的角度分析了其投资便利化问题。有学者（Drahokoupil J，2008）[①] 认为，从 20 世纪 80 年代末、90 年代初开始，因为政治体制的改变，很多中东欧国家的经济制度发生了根本变化，它们逐渐开始融入西方社会，其投资政策也发生了巨大的变化。到了 20 世纪 90 年代后期，中东欧国家出现了各种外国主导的经济体。由捷克、匈牙利、斯洛伐克和波兰组成的维谢格拉德集团的经济战略已经与不同的竞争国家模式趋同。有学者（Benacek V，Gronicki M，Holland D，2000）[②] 调查了中东欧区域范围内特定投资者的投资考量因素与政治保障的作用，分析了有竞争关系的投资者在投资过程中涉及的法律、政策与部门范围，并逐一分析各种要素在投资过程中所起到的作用。也有学者（Brenton P，Di Mauro F，Lucke M，2009）[③] 直接从个别国家的角度来分析这一区域的投资便利化问题。还有学者（Mueller D C，Peev E，2007）[④] 从宏观角度进行了分析，认为欧债危机后，欧元区国家经济受到重创，减少了在中东欧的投资活动，中东欧国家从政策上着手改变，以寻求中国等新兴经济体的投资。中东欧国家通过改善交通等基础设施条件和使用清洁能源、发展通信及电子等产业来吸引外商的投资。

三、投资便利化协议模式研究

2015 年，巴西与一些非洲、拉丁美洲国家签订了名为《投资合作与便利化协定》（cooperation and facilitation investment agreement，CFIA）的新型国际投资协定。有的学者（Moneb Hurrun N，2017）[⑤] 认为，巴西 CFIA 构

① DRAHOKOUPIL J. Globalization and the state in Central and Eastern Europe: The politics of foreign direct investment [J]. Routledge, 2008 (5): 98-105.

② BENACEK V, GRONICKI M, HOLLAND D. The determinants and impact of foreign direct investment in Central and Eastern Europe: A comparison of survey and econometric evidence [J]. Transnational Corporations, 2000, 9 (3): 163-165.

③ BRENTON P, DI MAURO F, LÜCKE M. Economic integration and FDI: An empirical analysis of foreign investment in the EU and in Central and Eastern Europe [J]. Empirica, 2009, 26 (2): 95-101.

④ MUELLER D C, PEEV E. Corporate governance and investment in Central and Eastern Europe [J]. Journal of Comparative Economics, 2007, 35 (2): 415-419.

⑤ MONEB HURRUN N. Novelties in international investment law: Brazilian agreements on cooperation and promotion of investments as different models of international investment agreements [J]. Journal of International Dispute Resolution, 2017, 1 (1): 79-100.

成了一种新的投资协议模式，而且与大多数现有投资协议相比，巴西 CFIA 在各个方面都是首创的。首先，这些协议规定了治理机构，包括一个联合委员会和一个监察员，其目的在于在投资者和东道国、投资母国之间建立一个永久性的投资协调和促进机制。通过 CFIA 设立相应的协调与合作机构，将会降低投资风险，防止出现相关投资争议，并有望改善投资环境，在外国投资者的整个投资生命周期内为外国投资者提供透明的法律制度。同时，CFIA 还设立了投资争端解决制度，规定了民间社会可以参与具体案件，有效的争端预防机制增加了投资有关各方对国际投资法律制度的信心。其次，CFIA 还创新地设立了关于企业社会责任（corporate social responsibility，CSR）的规则。关于企业社会责任的建议直接针对投资方，即使不具约束力，它们也可用于解释协议的其他条款，例如根据企业社会行为界定私营公司应得的保护。从这个意义上说，CFIA 可以说是一个更加平衡的投资协议。有趣的是，ACFI 不包含任何关于公平和公平待遇、间接征用或投资者与国家争端解决机制的规定。这有助于它们的独创性，但在一定程度上也受到批评。

也有学者（Maggetti M，Choer Moraes H，2018）[1] 从双边投资条约（BITs）的视角来分析巴西 CFIA，从巴西签订的 BITs 发展历程来看，巴西未能批准所有在 20 世纪 90 年代签署的 BITs，但巴西自 2015 年以来签署的新 BITs 的内容发生了重大变化。最直接的变化就是删除了 20 世纪 90 年代末和 21 世纪初被巴西国会质疑的有争议的条款，包括投资者—东道国仲裁条款。这种变化主要是因为巴西在世界投资领域角色的变化，作为资本的进口国，巴西 20 世纪 90 年代的 BITs 主要是与发达国家签署的，在这些条款中并没有对巴西有利的。目前的巴西已经成为一个重要的资本输出国，为了给予其公司额外的保护，巴西就继续在 BITs 中寻求新的海外投资规则。CFIA 规则正是对巴西海外投资公司提供了额外保护。这种新的规则无疑是巴西当局"让新模式发挥作用"的额外动力。

还有的学者（Valenzuela C C，2020）[2] 认为，CFIA 走上了更成功的道

① MAGGETTI M, CHOER MORAES H. Decision-making in Brazilian investment treaties: Policy learning in the context of post-passage [J]. Public Policy Learning, 2018 (2): 295-316.

② VALENZUELA C C. International arbitration as a mechanism to attract and protect foreign investment, Brazil's objections to the system, alternative models of the agreement on investment cooperation and facilitation (ACFI) and EU reform proposals [J]. Transnational Dispute Management, 2020, 17 (2): 59-90.

路还在于巴西政府将新框架协议的制定过程委托给了一个内部单位。这一制定过程得到了私营部门和许多部委和其他行政当局等的强力支持。尽管在起始阶段无法清楚地确定是否有大量民间组织参与，但行业协会和私营公司的支持是新 BITs 顺利实施的关键因素。当然，政治因素对于巴西 BITs 协议的顺利实施也产生了很大的影响，新的 CFIA 并未在国会中遇到强烈的政治反对。也有学者（Badin M R S, Morosini F, Xavier Junior E C, 2016）① 认为，巴西能够持续从国外获得相关投资，关键在于其拥有一个体制民主、法律制度健全、政府干预可能性小的开放环境。

四、投资便利化的影响研究

国外学者对投资便利化影响的研究具有辩证思维，视野也比较开阔。有的学者（Berger Axel, Ali Dadkhah, Zoryana Olekseyuk, 2019）② 认为，投资便利化的实践可以促进法律制度的发展，可以推动国际投资法和政策的制定，也会为外国投资者和东道国的利益协调带来积极影响，但也可能对市场竞争和可持续性合作机制产生消极影响。面对投资便利化可能会带来的消极影响，有学者（Berger A, Gsell S, Olekseyuk Z, 2019）③ 提出了方向性、原则性的应对策略，认为各国应加强合作，首先从理论制度研究的角度来促进投资便利化的发展，开展相关论坛，充分讨论投资便利化理论的必要性与可行性，以建设性和可持续性为理念，设立全球投资便利化指导原则。同时，有学者（Karl P Sauvant, 2020）④ 提出了更为具体的策略，认为可以尝试采用行动清单方式，这样可以增强投资便利化措施的可操作性，让投资便利化措施兼具统一性与灵活性，但是对清单包含的具体指标或者范围，没有做出进一步的阐释。

① BADIN M R S, MOROSINI F, XAVIER JUNIOR E C. Investment regulation in Brazil and Angola：Internal factors，international context and the design of the investment cooperation facilitation agreement [J]. Brazilian Journal of Strategy & International Relations，2016，5（9）：208-234.

② BERGER AXEL, ALI DADKHAH, ZORYANA OLEKSEYUK. Potential investment facilitation agreements：Possible scenarios and implications for national regulations [J]. Papers of the 22nd Annual Conference on Global Economic Analysis，2019（2）：2-11.

③ BERGER A, GSELL S, OLEKSEYUK Z. Investment facilitation for development：A new approach to global investment governance [J]. Briefing document，2019（5）：35.

④ KARL P SAUVANT. Enabling developing countries to fully participate in negotiating investment facilitation frameworks for development [J]. Colombia Foreign Direct Investment Outlook，2020（3）：275.

也有学者（Sauvant K P，Hamdani K，2015）[1] 从贸易和投资未来可以促进全球经济可持续发展的角度进行了阐释，认为贸易和投资便利化的发展可能会对可持续发展的非经济方面产生负面影响。因此，投资便利化最好伴随贸易便利化措施以及环境、社会和其他补充政策来推动进行。还有的学者（Badri Narayanan，2017）[2] 从数据模型的角度来分析贸易和投资便利化带来的具体影响，使用模型和数据库进行计算，实证评估亚太地区的贸易和投资便利化政策对社会、经济和环境带来的影响。研究结论表明，贸易和投资自由化是经济发展的重要驱动力，但是其影响力与关税自由化带来的收益相比，还是相形见绌。贸易便利化和投资自由化在减少各区域发展不平等方面有明显的积极作用，对区域环境政策的发展也有很大的促进作用。

还有学者（Harding T & Javorcik B，2011）[3] 从比较的视角分析贸易和投资便利化产生的影响，主要比较了区域关税自由化、贸易便利化、投资自由化对经济增长、贸易、投资、发展平等和环境保护等方面产生的潜在影响。这种分析视角强调了贸易和投资便利化作为经济增长关键驱动力的重要性，评估了减少个别自由化政策对社会和环境带来的负面影响，使用数据模型进行分析评估，认为贸易和投资便利化是可以极大地降低贸易和投资的运行成本的，同时也可以与区域社会政策与环境保护实现互补，使贸易和投资实现可持续发展。在未来的发展中，应当将贸易和投资便利化与可持续发展理念结合在一起，加强多边和区域合作，设立具体的可操作的机制和平台。

有的学者（Kavaljit Singh，2018）[4] 认为，投资便利化可以成为全球投资治理的新途径，更好地支持 2030 年可持续发展议程的实施。虽然全球投资需求巨大，但是仍有很多发展中国家被排除在全球投资框架体系之外。为了更好地利用 FDI 的优势，政府应制定政策和法规以促进投资便利化的

① SAUVANT K P, HAMDANI K. International support programmes for sustainable investment [J]. Center for International Trade and Sustainable Development, 2015 (7): 45.

② BADRI NARAYANAN. Sustainable development implications of trade and investment liberalization in Asia and the Pacific [J]. Artnet Working Paper Series, 2017, 173: 23-32.

③ HARDING T, JAVORCIK B. Roll out the red carpet and they will come: investment promotion and FDI inflows. The Economic Journal, 2011, 121 (557): 1445-1476.

④ KAVALJIT SINGH. Investment facilitation: another fad in the offing [J]. Columbia FDI Perspectives, 2018, 232 (5): 151-186.

发展，这对于吸引和保留 FDI 并增强其对可持续发展的贡献至关重要。有的学者（Sauvant, Karl P, 2015）① 提出，未来要实现全球投资治理的可持续发展，应考虑新兴国家和发展中国家推动投资规则的新发展，而不只是考虑以往发达国家倡导建立多边投资规则的尝试。这样可能会推动全球投资规则治理的转变，促进发展中国家 FDI 的实际措施，同时排除投资自由化和保护以及投资者与国家争端解决（investor-state dispute resolution, ISDR）等有争议的问题。然而，这样的转变也可能面临一些关键性挑战，包括：①目前投资便利化的范围还未明确化、概念化，未来需要进一步研究，以建立对多边投资协议产生的影响进行实证分析的基础；②还有许多发展中国家和最不发达国家尚未参与国际投资治理结构化的讨论，未来有必要提高它们参与结构化讨论的能力并帮助它们解决具体问题；③为了使 FDI 对可持续发展有更大贡献，有必要推动国内层面治理机制的进一步发展与完善；④还有很多尚未参与国际投资治理讨论的国家、商业部门和社会参与者的透明度存在问题，解决好这些问题将是投资便利化支撑全球投资治理进程成功的关键。

　　总体而言，在海外投资便利化领域，国外的研究相对于国内来说起步较早，其广度和深度也更胜一筹，但很少针对"一带一路"沿线国家进行具体研究，也没有系统分析和研究我国国内法规及相关措施，研究的内容多为分散问题的陈述；虽然在具体领域的研究成果比国内研究丰富，可以为本书的研究提供一定的借鉴，但均不是专门对我国海外投资便利化法律保障问题所做的专门研究。

---

① SAUVANT KARL P. We need an international support program for sustainable investment facilitation to build an international aid program [J]. Colombian FDI Perspectives, 2015, 151 (3): 1108-1116.

第二章 "一带一路"倡议下海外投资便利化的基本法律问题分析

　　海外投资及海外投资便利化的基本法律理论是研究相关问题的基础，本书的研究从基本内涵的解读入手，以不同的视角来解读海外投资及海外投资便利化，从历史发展的角度来分析海外投资便利化的推进过程，并阐述海外投资便利化的相关概念，梳理国际组织、相关协议中海外投资措施和具体指标，分析海外投资便利化所包含的基本内容，以及不同主体对海外投资便利化内容的具体阐述。

第一节　海外投资及海外投资便利化的法律界定

一、海外投资的法律界定

　　从不同的视角来看，投资的含义有所不同。经济学认为投资是一种资产的增值行为，有学者据此将投资定义为"经济主体为获取预期利润，投资货币或其他资源以从事某产业的经济活动"①。《英汉辞海》对投资的定义为"为获取收入或利益，或购买有内在价值的东西而支付的货币、购买的财产或投入的资产"②。在学界，国际法学者们更倾向于认为投资是一种行为。如杜新力认为，投资是"投资者以营利为目的进行的，将资本投入

---

① 钱从龙. 投资学概论 [M]. 北京：中国财政经济出版社，1996.
② 王同亿. 英汉辞海 [M]. 北京：国防工业出版社，1990.

国外的经济活动"①。余劲松认为，投资是"投资者为了获取经济效益，将资本投向国外的经济行为"②。而有关国际投资条约中，投资其实是一个广泛的资产属性，既可以是动产，也可以是不动产，还可以是股权、知识产权或者特许权等。此外，投资本身也是存在于多个领域当中的，在经济、管理、法律、金融等领域都存在对投资的界定。在不同的领域中，投资也有着不同的含义。

（一）国际条约对海外投资的解释

有的国际条约对海外投资的含义进行了具体的阐述，如《北美自由贸易协定》（north American free trade agreement，NAFTA）第1 139条对"投资"进行了明确的定义。根据该条的规定，海外投资不仅包括直接投资设立企业和企业的附属机构、购买不动产，而且包括购买证券或向所投资企业的附属机构贷款等间接投资形式。但该条同时将不属于上述情况的货物或服务合约价款的请求权、商业信贷、其他货币求偿权明确排除在海外投资范畴之外。

有的国际协议对此进行了列举式的界定，如《多边投资担保机构公约》（multilateral investment guarantee agency convention，MIGA）第12条在该公约项下的投资担保层面对"投资"做出定义："①合格的投资应包括股权投资，其中包括股权持有者为有关企业发放或担保的中长期贷款，和董事会确定的其他形式的直接投资。②董事会经特别多数票通过，可将合格的投资扩大到其他任何中长期形式的投资。但是，除上述①款中提及的贷款外，其他贷款只有当它们与机构担保或将要担保的具体投资有关时，才算合格。③担保仅限于要求机构给以担保的申请收到之后才开始执行的那些投资。这类投资包括为更新、扩大或发展现有投资所汇入的外汇，以及现有投资产生的、本可汇出东道国的收益。④机构在担保一项投资前，应弄清下列情况：第一，该投资有经济合理性并对东道国发展做出了贡献；第二，该投资符合东道国的法律条令；第三，该投资与东道国宣布的发展目标和重点相一致；第四，东道国的投资条件，包括该投资将受到公正、平等待遇和法律保护。"

---

① 杜新力，曹俊. 国际投资法 [M]. 北京：中国政法大学出版社，1995.
② 余劲松. 国际投资法 [M]. 北京：法律出版社，1994.

近几年达成的各类经贸投资条约主要是通过具体界定与列举的方式来对"投资"的含义进行阐述。全面与进步跨太平洋伙伴关系协定（comprehensive and progressive agreement for trans - pacific partenership，CPTPP）的投资章节将投资界定为："一投资者直接或间接拥有或控制的具有投资特征的各种资产，此类特征包括资本或其他资源的投入、获得收入或利润的预期或风险的承担等。"投资可采取的形式包括：①一企业；②一企业中的股份、股票和其他形式的参股；③债券、无担保债券①、其他债务工具和贷款②；④期货、期权和其他衍生品；⑤交钥匙、建设、管理、生产、特许权、收入分成及其他类似合同；⑥知识产权；⑦根据该缔约方法律授予的批准、授权、许可和其他类似权利③。

而 RCEP 作为目前签订的最大自贸协议，在第十章的投资专章中也对投资进行了详细的阐述，采取的也是界定与列举的方式。但同时，在定义中允许部分国家进行相应的保留。区域全面经济伙伴关系（regional comprehensive economic parnership，RCEP）第十章第 1 条第 3 款规定："投资指一个投资者直接或间接拥有或控制的，具有投资特征的各种资产，此类特征包括承诺资本或其他资源的投入、收益或利润的期待或风险的承担。"投资可以采取的形式包括："①法人中的股份、股票和其他形式的参股，包括由此派生的权利；②法人的债券、无担保债券、贷款④和其他债务工具，以及由此派生的权利⑤；③合同项下的权利，包括交钥匙、建设、管理、生产或收入分享合同；④东道国法律和法规所认可的知识产权和商誉；⑤与业务相关且具有财务价值的金钱请求权或任何合同行为的给付请

① 一些形式的债务，例如债券、无担保债券和远期票据更可能具有投资特征，而其他形式的债务，例如由于货物或服务销售而产生的立即到期的支付请求权，则不大可能具有投资特征。

② 一缔约方向另一缔约方提供的贷款不属于投资。

③ 一特定类型的批准、授权、许可或类似文件（包括特许权，只要其具有此种文件的性质）是否具有投资特征，取决于缔约方的法律持有者享有权利的性质和范围等因素。此类文件中不具有投资特征的是不创设受缔约方法律保护的任何权利的文件。前述规定不影响与此类文件相联系的任何资产是否具有投资特征。

④ 一缔约方向另一缔约方发行的贷款不是投资。

⑤ 一些形式的债务，如债券、无担保债券和长期票据，更可能具有投资的特征，而其他形式的债务，如因销售货物或服务而立即到期的付款请求权，则较不可能具有投资的特征。

求权①；⑥根据东道国法律法规或依合同授予的权利，如特许经营权、许可证、授权和许可，包括勘探和开采自然资源的权利；⑦动产、不动产及其他财产权利，如租赁、抵押、留置或质押。"② 此外，RCEP 对投资的定义进行了进一步阐述，用于投资的投资回报应当被视为投资，投资或再投资资产发生任何形式上的变化，不得影响其作为投资的性质；但投资不包括司法、行政行为或仲裁程序中的命令或裁决。

当然，国际条约中对海外投资的定义一般会提到受东道国国内法律规则管辖的权利，包括财产权、合同权利和国家法律授予的其他权利。在个别情况下，国际仲裁法庭将考虑到东道国机关对法律的理解，并可遵守这一理解，这取决于国际仲裁法庭自身。因此，除了条约文本本身对海外投资具体含义的界定，国际投资仲裁法庭还会在具体投资仲裁实践中对海外投资的含义进行个案的界定，这样的解释可能更具体、更具有现实意义。

（二）仲裁实践对海外投资的解释

国际投资仲裁庭对海外投资的定义的判断也存在不一致，即便是案件涉及对同一个条约的解释，也可能存在仲裁庭的判断与自由裁量问题。总体来看，海外投资的具体含义存在很多种解释与界定，目前还没有形成一个统一的含义或内涵。但在仲裁实践中，国际投资仲裁法庭对海外投资含义的解读基本是从"宽泛"解释到"限制"解释，在这样一个总体的发展趋势中，"海外投资"具体定义或者在实践中的具体阐释逐渐变得准确与清晰起来。

国际投资争端解决中心（international centre for settlement of investment disputes，ICSID）作为全球海外投资争端解决的重要平台，对海外投资的界定也进行了很多的实践和尝试。在"Fedax v. Venezuela 案"③ 中，

---

① 投资并不是金钱请求权，完全来自销售货物或服务的商业合同，或者与此类商业合同有关的授信。

② 市场份额、市场准入、预期收益和盈利机会本身并不是投资。

③ Fedax 一案主要涉及一系列由委内瑞拉政府向一家名为"Fedax N. V."的公司出具的贷款文件，Fedax 持有六张委内瑞拉拒绝履行的本票。委内瑞拉主张本票并不构成 ICSID 项下有关投资的定义，认为"这一交易并不构成直接对外投资，即'为了获得公司利润而进行长期的、从一国至另一国（接受投资的国家）的资金流动，并且这一交易通常伴随着风险'。"Fedax 案仲裁庭最终并没有支持被申请人的这一抗辩。虽然 Fedax 案仲裁庭并未能创设定义投资的明确标准，但是其列举的一系列重要原则，例如"持续一定期限""对东道国发展的贡献"等，都构成了当前投资概念的基础。

ICSID 仲裁庭第一次在仲裁过程中对海外投资的具体含义进行了解读和界定，采用了较为宽泛的解释方法，这种解读主要还是为了更多保护海外投资者而做出的。这对后来的投资仲裁裁决产生了很大的影响。如后来的"CSOB 诉斯洛伐克共和国案"① 将投资活动解释为任何一个环节都是"投资"。该案中的仲裁庭从更加宏观的视角对"海外投资"进行了界定，认为投资属性成立与否，应当从整个海外投资交易过程来进行判断，并不是从某一个具体的仲裁请求来做出判断。如果整个交易行为被认定为投资，那某个具体的分类也可以被仲裁庭认定为投资行为。基于这样的解释理念，在"S. D. Myer 诉加拿大案"② 和"Pope&Talbot 诉加拿大

---

① 捷克公司 CSOB 向斯洛伐克的金融资产管理公司（collection company）提供贷款。根据 CSOB 与斯洛伐克共和国政府签订的"关于对 CSOB 进行金融整合的基本原则的协议（简称'整合协议'）"，斯洛伐克政府应该补偿本国金融资产管理公司的损失，从而保证 CSOB 贷款的安全。然而，斯洛伐克政府没有补偿该公司的损失，于是 CSOB 将斯洛伐克政府诉至 ICSID，要求斯洛伐克政府履行整合协议并赔偿损失。本案的主要争议焦点在于贷款的投资性质的问题。CSOB 与斯洛伐克政府对贷款的投资性质的认识存在着分歧。斯洛伐克政府认为，贷款不属于 ICSID 公约第 25 条第（1）款中的投资，也不属于捷克—斯洛伐克 BIT 规定的投资。斯洛伐克政府认为，投资主要是指通过外国领土（"东道国"）中的一方（"投资者"）的资源支出来获得财产或资产，预计这将对两者产生生效益。但受风险的不确定性影响，双方并未在未来提供回报，因而 CSOB 的贷款并不构成投资。而捷克公司 CSOB 则认为，任何贷款，特别是 CSOB 向斯洛伐克收款公司提供的贷款，均符合 ICSID 公约第 25 条第（1）款规定的投资要求，即 CSOB 贷款符合双边投资条约下的投资，索赔人指出第 1 条，其部分内容如下：投资"是指一方的投资者根据另一方的法律在另一方境内投资或获得的任何资产，包括但不限于货币应收款或对与投资有关的任何业绩的索偿；根据某一行为或根据某一行为签发的任何合同、许可证或许可证的任何权利，包括任何寻找、培育或开发自然资源的特许权。"虽然本清单中没有明确提及贷款，但"资产"和"货币应收款或债权"等术语明确包括缔约另一方国民向斯洛伐克实体提供的贷款。因此，贷款不会被排除在双边投资条约第 1 条规定的投资概念之外。

② 美国的梅耶公司（S. D. Myer）于 1998 年 10 月对加拿大政府提起了 2 亿美元的求偿要求。该公司在加拿大设立了一个子公司，将印刷电路板出口到美国处理，但加拿大政府随后制定了出口禁令。梅耶公司声称，该禁令违反了 NAFTA 第 1 102 条（国民待遇）、第 1 105 条（最低待遇标准）、第 1 106 条（履行要求）以及第 1 110 条（征收）的规定。仲裁庭 2000 年 11 月的最后裁决支持了基于第 1 102 条与第 1 105 条的请求，但拒绝了基于第 1 106 条与第 1 110 条的请求。梅耶公司被裁定获得 387 万美元的赔偿加上利息。仲裁庭裁定，加拿大政府违反了 NAFTA 第 1 102 条国民待遇的要求，理由是加拿大政府的废物处理规定对梅耶公司存在着明显的歧视。至于最低待遇标准，仲裁庭认为，只有当以不公正或专横的方式对待投资者且这种待遇从国际观点看达到不能接受的水平时，才违反第 1 105 条的规定。在此案中，仲裁庭裁定加拿大政府违反 NAFTA 第 1 105 条的规定在很大程度上是以其违反 NAFTA 第 1 102 条（国民待遇）为基础的，并主张"最低标准"的范围比国民待遇的范围更宽。

案"① 中，仲裁庭就将合同权利、涉及投资的贸易都纳入了仲裁庭的受案范围，这极大地拓展了投资的外延，从而为投资仲裁领域的发展开拓了空间。

当然，后来的海外投资仲裁实践也发生了很大的转变，出现了逐渐修正过于宽泛解释的发展倾向。在很多的仲裁实践案件中②，仲裁庭就对海外投资进行了第一次限制性、保守性的解释，一改过去对海外投资采取宽泛性的解读方式，认为企业设立后的经营行为才属于"投资"。仲裁庭都对海外投资进行了限制性解读，不管是对形式，还是对内容，对海外投资的定义进行限制解释已经成为一种趋势。

（三）我国学界对海外投资的定义

我国以前将跨越国境的投资称为"对外直接投资""境外直接投资""国际直接投资""国外直接投资"等。随着我国对外开放的持续深入进行，"海外投资"这一称谓越来越常见。从1991年《关于海外投资项目管理的意见》出现这一称谓后，无论是学界还是实务界，都对这一称谓进行了广泛的研究。学界对海外投资的界定主要基于广义和狭义两个视角。广义的海外投资主要是指海外直接投资、证券投资、国际借贷和部分海外援助，而狭义的海外投资仅仅指海外直接投资。

目前学界对海外投资的界定主要采用狭义的观点，主要是指一国将资本投入其他国家或地区，通过设立企业从事相关经营获得收益的行为，这种投资享有企业的经营权和管理权，表现形式可以是企业股权，也可以是支配权和控制权。具体而言，海外投资的具体表现形式是多样化的，目前没有统一标准，各个国家的规定也存在差异。但是拥有股权的比例不是唯一标准，很多海外投资项目会将股权和非股权因素结合，从而实现对投资

① 波普与塔尔博特股份有限公司（Pope & Talbot Inc.）是一家根据美国特拉华州法律注册成立的上市公司，公司主营业务是木材和木浆产品。该上市公司拥有一家根据加拿大英属哥伦比亚省法律注册成立的投资公司——波普与塔尔博特有限责任公司。该投资公司自1969年以来在加拿大经营木材业务，大约90%的软木木材出口到美国。1996年5月29日，美国和加拿大签订了《软木协定》，根据《软木协定》第1条，美国承诺不根据美国法律对从加拿大进口的软木采取某些特定行动。《软木协定》第2.1条规定，根据《进出口许可证法》，加拿大必须将软木列入"出口控制清单"，并列出受出口管制的省份。同时，加拿大颁布出口许可条例，通过限定门槛基准和低费率基数水平的出口占所有出口的比例来控制向美国出口板材的数量。波普与塔尔博特股份有限公司认为，加拿大政府选择执行《软木协定》的行为违反了其根据《北美自由贸易协定》第11章A节所承担的义务。

② 如"Mihaly v. Sli Lanka案""PSEG诉土耳其案""Joy Mining诉埃及案"等。

项目实施实质性影响和有效控制。

广义的海外投资除了包含直接投资外，还包含国际证券、国际贷款投资等，指海外投资者通过购买股票、债权或提供贷款的形式，向其他国家或地区进行资本输入。广义的海外投资本质和目的是通过各种投资形式获得收益，而不在乎外资的表现形式，也不需要与投资企业的经营权、控制权或支配权产生直接联系。具体而言，海外间接投资的主要形式有：为获取股息或利息而在国际证券市场上购买上市公司的股票或公司债券；向其他国家或地区企业提供贷款，包括政府贷款、政府间国际金融组织贷款、国际商业贷款、进出口信贷、购买他国发行的债权、购买上市公司股票或公司债券等①。

（四）海外投资定义的泛化发展

投资者与东道国投资争端解决一直是资本输出国和资本输入国博弈的焦点。资本输出国极力主张采取国际解决的方法以保护其在外投资，而资本输入国则强调当地救济方法，如卡尔沃主义。国际仲裁因在投资者私人经济利益诉求与东道国社会公益维持之间以及资本输出国外资保护与资本输入国外资吸引之间保持的微妙平衡而成为解决投资争端的主要方式。同时，国际投资仲裁也产生了诸多问题，如对东道国行政、司法、立法造成冲击所引发的危机，对外国投资者过度保护带来的合法性危机，以及在仲裁过程中对社会价值的忽视助长的社会价值危机，正在动摇国际投资仲裁的合法根基②。随之而来的定义扩张也获得资本输出国、投资者与一些学者的肯定，被誉为市场经济逻辑的必然结果、ICSID 公约目的的合理实现、外国人投资保护的正当途径乃至国际投资法治的核心价值体现③。但在东道国以 BITs 将提交仲裁的同意以条约加以固定的情况下，凡进入东道国领土的合格投资者均可将东道国推上被告席，而东道国难以在"同意"与"主体"要件下进行抗辩，唯剩"由投资引发法律争议"这一客体要件可作为抵御国际投资仲裁管辖的最后防线，但因定义扩张，它最终演化成了华而不实的"马其诺防线"，任由国际仲裁逾越并进入东道国经济管辖权范围内肆意妄为，带来一系列负面影响。

---

① 刘颖，邓瑞平. 国际经济法 [M]. 北京：中信出版社，2003：375.

② 刘笋. 国际投资仲裁引发的若干危机及应对之策述评 [J]. 法学研究，2008 (6)：141-154.

③ JULIAN DAVIS MORTENSON. The meaning of investment：ICSIDs travaux and the domain of international investment law [J]. Harvard International Law Journal，2010，51 (5)：257-318.

目前，无论是条约规则，还是投资仲裁实践，对投资的定义均出现泛化解释的趋势。在《跨大西洋贸易与投资伙伴协议》（transatlantic trade and investment partnership，TTIP）谈判文本中，美国和欧盟对投资类型都采用了清单方式，虽然有肯定清单和否定清单的区别，但是从内容上来看都极大地扩展了投资的内涵范围。欧盟在 TTIP 文本草案中将投资界定为缔约方之间符合投资性质的所有经济行为，同时采用的否定清单的形式将一些情况排除在外。通过对美国和欧盟最近对投资的解读来看，投资的范围是非常广泛的，基本涵盖了与投资有关的所有经济活动，其表现形式几乎可以将所有的外资行为包含进去，这样的界定方式无疑赋予了东道国在保护海外投资者利益方面更大的责任和义务，也为海外投资争端解决带来更多的不确定因素。

（五）本书对海外投资的定义

通过前面的分析可知，海外投资的定义还存在范围大小的不同，也经过了一个由狭窄到宽泛的过程，特别是海外投资市场中的发达经济体，对其采用了较为宽泛的解释。但是，当前海外投资市场发展还处在不均衡的阶段，对海外投资概念的解释不能太过宽泛，可以在海外直接投资基本范畴的基础上，依据各缔约成员之间的约定或发展状况，对间接投资形式进行适当的增加，甚至可以协商进行动态的调整。这样既可以实现经济发展水平较低国家对本国产业的基本保护，也可以维护海外投资国的投资利益，并且可以进行适时的动态调整，在投资东道国和投资母国之间寻求更好的利益平衡。

总而言之，海外投资是指各类公司、机构和个人为了开拓海外市场，将国内资本投向境外市场，从而形成资源的跨境流动和配置，通过运营产生效益，实现资本的价值增值的经济活动，这种经济活动是国际资本流动的一种基本形式，也是国际市场中经济交往与合作的重要组成部分。具体而言，海外投资的内涵主要包括以下几个方面：一是参与海外投资活动的资本形式多元化。海外投资既可以以实物资本形式表现资本，也可以以无形资产形式表现资本。二是参与海外投资活动的主体多样化。投资主体是独立行使海外投资活动决策权并承担相应责任的法人或自然人，包括官方和非官方机构、跨国公司、跨国金融机构及居民个人投资者。三是海外投资是投资国与东道国之间的跨国投资。海外投资活动是有别于国际贸易和国际信贷的资本跨国经营运作的活动，是为了获得预期收益而将本国的国际货币资本及国际产业资本跨国投放到海外的一种形式。四是海外投资的根本目的是实现价值增值。投资的目的是获得预期回报，既可以是经济回报，也可以是政治价值的回报。总之，海外投资是投资者为了获得一定经济效益而将其资本投向国外的一种跨国经济活动，是由国际经济发展的不平衡引起的，是国家之间资金流动的一种重要形式，其根本目的在于实现价值增值。它可能是一种债权债务关系，也可能是一种所有权关系。

二、海外投资便利化的法律界定

（一）海外投资便利化的含义

海外投资规则的碎片化状态比较明显，构成海外投资法律体系的各类投资协定规则有数千个，与投资有关的议题日益增多，各方矛盾重重。在多边投资协定（multilateral agreement on investment，MAI）方面，虽然经过多年的努力，其发展还是非常缓慢。很多学者曾经认为，世界贸易组织（world trode organmization，WTO）体制是解决 MAI 问题的唯一路径，有关投资议题谈判的问题只有在 WTO 框架下才可能实现。当然也有学者认为，不管在哪种体制下进行 MAI 规则的构建，都必须平衡不同发展水平国家间的利益。在 WTO 体制下可以完成 MAI 谈判的观点显然是比较乐观的。但是对考虑 WTO 体制与国际投资规则本身的兼容性问题缺少一定的法律基础。在 MAI 没有取得实质性进展的前提下，很多国家开始从务实的角度来关注海外投资规则的发展问题。国际社会开始将关注的焦点集中在"投资便利化"这个议题，以满足当前世界各国对资本自由流动的需求。

从投资便利化发展的基本历程来看，对其基本内涵的讨论经历了从广义到狭义的过程。最初提出"投资便利化"概念的组织和国家，并没有对这一概念进行具体解读，主要是原则性和方向性的阐述，显得比较宽泛，似乎与投资相关的措施均可以纳入这一概念。随着国际社会对投资便利化问题的持续关注与研究，其基本内涵也就更加细化和具体，形成了较为明显的内容，形成了狭义的解读。

当前对投资便利化的具体含义还没有统一的解读和界定，综合各种官方文件、报告和文献可知，投资便利化的目的其实主要是为海外投资者创设一个透明、高效、可协调和可预测的投资环境，从而促进和保护海外投资者的利益，降低海外投资者在经营过程中的交易成本，消除各种规则障碍，也为东道国经济社会的发展提供更加稳定的基础。

（二）海外投资便利化相关概念的解读

1. 投资自由化

投资自由化与贸易自由化都是西方发达国家为了本国资本、产品、服务在全世界自由流动所倡导的基本规则理念，主要是指尽可能地减少非市场因素对国际投资带来的壁垒，让外资的进入由市场而非政府决定，保障市场合理分配利用资源①。发展中国家对外国资本的强烈需求使得很多国家的立法基本会采取较为宽松或渐进开放的法律制度，这就可能会对本国的资本市场带来一定的冲击，并引发相应的市场危机，从而使东道国与投资母国在规则结构与投资市场方面都存在一定的失衡。

虽然投资自由化与投资便利化都可以在很大程度上促进全球资本市场的更好流动，从而促进海外投资市场的不断发展，但是，从另一个角度来看，两者还是存在比较明显的区别。一般而言，投资自由化基本是从投资准入的法律规则来考量的，而投资便利化是从程序性规则来界定的。因此，投资自由化可能会涉及对东道国市场保护、资本准入条件、资本比例等领域的权利限制，甚至会关系到东道国政府的外资管辖权，不可避免地会在一定程度上对东道国的权利造成干预。而投资便利化主要涉及政府的审批程序、方式、路径、透明度、营商环境等诸多方面的程序性、体制性的问题。

2. 投资促进

投资促进与投资便利化存在着密切的联系，在很多文献的表述中常常将两者等同。投资促进主要是指国家或地区吸引外资所采取的系列措施，包括本国的法律、政策，也包括相关吸引外资的服务与平台建设等，主要呈现出形象塑造、引进投资、投资服务、政策建议等方面的优化。

虽然两者有很强的关联性，但是两者的区别是存在的，主要是包含不同的措施：①投资促进旨在突出投资机会，促进某一地区或国家成为投资目的地；投资便利化则是通过减少行政负担、降低腐败风险，使投资者进行投资或扩大现有投资都更加容易。②投资促进是投资促进机构的主要任务，投资便利化是贯穿整个投资管理环节所有相关机构的共同职责。③投资促进具有零和博弈的竞争性质，投资便利化则以合作为出发点，不具有

---

① 徐泉. 国际贸易投资自由化法律规制研究 [M]. 北京：中国检察出版社，2004：265.

竞争性。④投资促进主要关注的是以地域、行业为导向的投资活动，投资便利化有利于所有类型的投资活动。⑤投资促进有可能需要东道国昂贵的对价支出，投资便利化相对来说更加容易实现①。

三、海外投资便利化法律规则的发展历程

（一）海外投资便利化的缘起

"投资便利化"是国际投资领域的新兴议题，具有推动全球经济发展和多边投资谈判的重要作用。最早在海外投资领域讨论便利化的内容和问题是在20世纪四五十年代，但是讨论的领域主要为各国的投资政策，并且相关用语和其范围边界一直都比较模糊，直到美国和墨西哥于1989年10月3日签订的《关于贸易和投资便利化谈判的谅解协议》（以下简称《谅解协议》）才提出了这一概念。该《谅解协议》对于投资便利化的相关内容进行了一定的探讨，明确指出："双边谈判应超越争议解决的职能，追求便利贸易和投资，促进两国市场的可预测性和确定性，但并没有列举出任何较为具体的便利措施，相关的行动计划也仅是对未来广泛话题领域的磋商安排，涉及的话题领域包含但不限于关税、非关税贸易壁垒、投资、知识产权、技术、服务、市场约束、分配问题和贸易救济。"②《谅解协议》的相关探讨体现出国际社会对投资便利化早期认识的普遍共性，即用语高度笼统抽象，讨论范围广泛且缺乏针对性，关注点主要集中于国际贸易领域。此外，当时各国的投资政策也很少关注便利化措施。由此可见，投资便利化并未影响这一时代国际投资政策的发展③。

全球经贸的迅速发展，推动贸易自由化与便利化的实践与理论不断深入。与此同时，各国对投资自由化与便利化的探索与实践也在积极推进。2008年5月亚太经合组织（Asia-Pacific economic cooperation，APEC）通过了一个有关海外投资的计划文件，即《投资便利化行动计划》（investment facilitation action plan，IFAP）。该文件第一次将"投资便利化"

---

① 参见 JAMES ZHAN. Investment Facilitation-UNCTAD Perspective Workshop on Investment Facilitation for Development，2017：5.

② 参见 Understanding Between the Government of the United States of America and the Government of the United Mexican States Regarding Trade and Investment Facilitation Talks，1989.

③ 鲍怡婕. "投资便利化"的明晰及对中国的参与建议 [J]. 国际经济法学刊，2018 (4)：61-62.

作为一个完整的概念确立，并对其基本含义进行了解读①。虽然这一解读比较粗浅和模糊，但是对投资便利化概念的阐释由抽象过渡到了具象的范畴，为未来对这一概念的阐释奠定了基础。

在多边领域，与贸易相关的各种议题推进并不顺利，对于是否将便利化问题纳入多边规则之中，存在很多的争议。直至 2013 年，WTO 第九届部长级会议上通过的《贸易便利化协议》（agreement on trade facilitation, TFA），打破了 WTO 多边谈判零进展的僵局。TFA 的出现就使得贸易领域的便利化问题拥有了正式的、有法律约束力的文件，这不仅从法律规则的角度推动了便利化问题的探究，也从实践的角度促进了全球贸易的发展。对此，也有很多的学者不断关注贸易便利化、投资便利化等问题，从理论规则的角度不断阐释贸易投资领域的便利化问题。

（二）海外投资便利化的发展助力

1. 国家的推动

随着经济全球化浪潮的兴起，世界各国纷纷加强在经贸领域的交流与合作，在贸易自由化趋势的推动之下，资本在世界范围内的流动也在不断加速。为了吸引更多外资进入本国，为本国经济发展提供资金支持，各国纷纷采取优惠投资政策，通过制定、修改国内法规和签订国际条约等方式来改善本国的投资环境。例如，哈萨克斯坦为了更好吸引外资，在 2016 年确定了"一站式"机制，简化外资进入本国市场的程序，让外资通过"一站式"服务申请超过 360 种许可证和执照，为外资进入提供了极大的便利；2017 年，菲律宾启动了商业数据银行，通过建立大数据平台，实现数据资源的整合与共享，极大地简化了外资业务申请和办理简便化；2018 年，坦桑尼亚也意识到提供投资便利化措施的重要作用，在国内设立了网上登记系统，为外资申请和登记注册提供了极大的便利，节约了时间和成本。这些类似的政策和措施的出台，极大地促进了投资的自由流动和在世界范围内的发展。

与此同时，各国也十分注重签订各类投资协定，通过专门的投资条约或协议来推动资本在各国间的便捷性流动。据统计，对于投资透明度的阐述与关注，在 1968 年至 2000 年签订的"双边投资条约"（bilateral

---

① 投资便利化指的是政府为吸引（或不阻碍）外资，并使其在整个投资周期中都能达到效益和效率最大化而采取的措施。参见 Asia-Pacific Economic Cooperation, APEC Investment Facilitation Action Plan, 2008: 1.

investment treaties，BIT）中，仅有9%的协议包含透明度条款，而在2011年至2016年这一比例上升至46%①。例如，巴西通过制定《合作与投资便利化协定》（cooperation and facilitation investment agreement，CFIA），形成投资透明度领域的基本范式，为巴西与其他各国签订关于透明度问题的投资协定提供了模式。作为一体化程度最高的区域经济体，欧盟也积极推进投资便利化问题的改革与实践。在欧盟与加拿大达成的《全面经济与贸易协定》（comprehensive economic and trade agreement，CETA）以及欧盟与美国达成的《跨大西洋贸易与投资伙伴关系协定》谈判中，都表达出了对投资领域相关问题进行改革与实践的强烈愿望，依此来推动投资便利化的不断发展。

2. 国际组织的推动

投资便利化问题最先是由国际组织提出和推动的，国际组织对投资便利化的发展进行了很多有益的探索与推动。如2015年6月，OECD发布了新版《投资政策框架》（the policy framework for investment，PFI），将投资便利化作为基本原则之一；2016年1月，世界经济论坛（world economic forum，WEF）与国际贸易和可持续发展中心（international centre for trade and sustainable development，ICTSD）提出了"可持续投资便利化国际支持方案"，将投资便利化与可持续发展理论相结合，为未来投资便利化发展贡献了新的研究视角；2016年6月，联合国贸易与发展会议（UNCTAD）在《2017年世界投资报告》中提出了《投资便利化全球行动清单》，此后该清单经理事会正式通过；2017年9月，金砖国家厦门会晤通过了《金砖国家投资便利化合作纲要》，这是全球投资便利化领域中的第一份专门文件；2017年12月，WTO第11届部长级会议上，42个成员方共同签署了《关于投资便利化的联合部长声明》，旨在制定一个投资便利化的多边框架。该举措获得了占据全球73%的贸易额和66%的对外直接投资（FDI）流量的70个成员方的支持。

越来越多的国际组织开始关注和研究投资便利化问题，并从实践和可操作的视角将投资便利化议题融入世界投资政策的框架范围进行分析。目前主要的国际组织对投资便利化的发展与推动主要集中于一些关键问题，例如投资便利化的定义与内涵等。但就目前而言，各组织的文件还主要是

①　参见UNCTAD：World Investment Report，2017：13。

将投资便利化作为一种基本价值和目标来追求，或者将投资便利化视为属于世界投资政策领域内的一种基本原则加以关注，在具体的理论探索和基本含义的解读方面认识不一，在具体政策措施上分歧较大。例如，尽管IFAP提出的八项原则和UNCTAD提出的十条行动计划主要内容相近，但在投资保护、技术运用等方面却无法达成一致意见。E15倡议投资政策工作小组认为参与投资政策宣传、推进国内外企业联系都属于"投资便利化"措施，而OECD却将这些措施归类为"投资促进"措施①。

第二节　海外投资便利化的法律体现

一、国际组织的界定

投资便利化的具体措施到底包含哪些方面，目前还没有一个统一的标准。一些国际组织在研究这一问题的时候，对投资便利化的具体内容进行了总结。

WTO认为，投资便利化主要包括：提高投资措施的透明度和可预见性，精简和加快行政管理的程序和要求，加强国际合作、信息互享、经验交流以及和利益相关者的关系，包括争议预防②。

UNCTAD认为，投资便利化主要包括：推动与投资者相关的投资政策、管理以及程序的可获得性与透明度，提高投资政策的可预测性和一致性，提高投资行政程序的效率，在投资政策实践中建立有建设性的利益相关者关系，指定牵头机构、联络点或投资协调员，建立投资便利化监测和审查机制，加强国际合作，通过支持和技术援助加强发展中国家的投资便利化建设，增强发展中国家的投资政策的投资吸引力，通过加强国际投资促进发展的合作，包括通过国际投资协定的规定，补充投资便利化③。

OECD认为，投资便利化主要包括：为投资者提供一个透明、可预测和容易获得的投资管理和行政框架，为投资者提供高效率和精简的规则和

---

① 鲍怡婕."投资便利化"的明晰及对中国的参与建议［J］.国际经济法学刊，2018（4）：62.

② 参见WTO，Joint Ministerial Statement on Investment Facilitation for Development，2017：1-2.

③ 参见UNCTAD，World Investment Report 2016.

程序，建立能够促进和实现可持续发展和负责任的商业行为的投资政策框架①。

WEF、ICTSD 认为，投资便利化主要包括：透明度和信息的可获得，与贸易便利化协调作用，为发展中国家的能力建设提供帮助②。

RCEP 认为，投资便利化主要包括：创造良好投资环境、简化其投资申请及批准程序、促进投资信息的传播、设立或维持联络点、向投资者提供帮助和咨询服务、解决在其投资活动中产生的投诉问题、与东道国管理机构的良好沟通渠道等③。

二、东道国的界定

（一）投资前的咨询服务

海外投资应当是对投资者和东道国均可以带来收益的行为，因此，从东道国角度来看，为了更多通过吸引外资来促进本国经济社会发展，也会理所当然地采取很多有利于外资进入及经营的政策或服务。特别是对于考察期间的海外投资者来说，能够更好地通过咨询服务为海外投资者解决疑惑或者难题，将会对海外投资者的投资产生重要的促进作用。例如，向潜在的海外投资者提供本国产业情况、外资领域的限制或禁止情况、法律法规信息、市场指导信息等，并可与潜在投资者进行有效的交流和沟通，从而为海外投资者提供尽可能多的国内投资信息，吸引外资基建参与本国投资。

（二）投资后的信息服务

海外投资的过程是比较复杂的，当海外投资者通过前期的考察，决定开展投资时，还会面临很多需要解决的问题，如果这些问题不能够得到及时准确的解决，那么久而久之有可能导致投资活动的不顺甚至失败。相关信息的获取以及对信息的分析与判断将显得无比重要，如东道国的审批制度与程序、当地成分要求与履行规定、相关法规的限制与约束、投资企业的运营规定、纠纷解决的路径与方式等，都会对海外投资者的经营活动产生直接影响。

---

① 参见 OECD，Policy Frame work for Investment 2015 Edition，2015：39-40.

② 参见 WEF，ICTSD. The E15 Initiative-Strengthening the Global Trade and Investment System for Substainable Development，2015：3-6.

③ 参见 RCEP 第十章第 13 条。

（三）提高政府管理能力与效率

东道国政府对本国海外投资领域的相关管理效能将会对海外投资的便利化产生重要影响，强大的政府管理能力和高效的服务将会极大地促进海外投资便利化的发展。具体而言，主要体现在以下几个方面：一是在政府审批海外投资的程序与机制的设置和实施效率上，应尽可能地规范程序，简化审批流程，提高审批效率；二是在审批的范围方面应当尽可能地减少限制，很多东道国将会通过发布本国的投资领域规定对某些鼓励性领域实施备案制度，在一些禁止和限制领域实施审查制度。但东道国应当秉持开放和发展的态度，对本国的审批范围进行动态调整，以更好地吸引外资，促进外资活动的便利化发展。

三、投资母国的界定

（一）信息的便利化服务

投资母国在海外投资过程中也会扮演重要作用，可以从专门机构的设立、法律规则的制定、信息平台的建立与发布等多个角度来为本国海外投资者建立完善的服务体系。特别是为海外投资者定期发布潜在目的地的法律法规、社会环境、民族风俗、政府管理与效率等方面的信息，建立平台，形成信息发布的常态机制，为本国海外投资便利化发展提供服务。

（二）金融便利

海外投资过程中最需要解决的可能就是资金问题，投资母国应当为海外投资者在金融领域提供便捷高效的服务，为海外投资者提供金融便利。具体而言，投资母国可以在海外投资的启动资金、融资渠道、融资机制、融资政策、融资机构等方面提供全面的服务，尽量解决海外投资者的后顾之忧，从而提高本国海外投资的整体能力。

（三）海外保险制度便利

海外投资将会面临各种复杂的环境和局面，存在着各种风险，因此，完善的保险制度将会对投资者的海外利益提供重要保障。对此，投资母国应当建立完善的海外投资保险制度，设立专门的海外投资保险或担保机构，设定保险的范围与内容，以应对东道主国家经济环境、汇率、法律法规变动以及东道主国家由于拖延付款等因素造成的影响，从而为本国的海外企业提供强有力的投资便利保障。

（四）财政支持、亏损补贴

投资母国对海外投资的相关项目进行一定的财政补贴支持，尽快协助海外投资企业的海外经营走向正规。这种政府支持可以是全方位的，也可以只对部分海外投资企业提供，如美国对本国海外投资企业在建筑工程方面提供的支持和补助，加拿大政府对本国海外投资企业在工程服务出口方面进行的补贴，都为本国海外投资提供极大的便利化措施，并通过专门性的公司或机构来加以实施。

四、海外投资便利化措施的评估指标

国际协议或相关组织的报告对投资便利化的具体衡量指标进行了分析和探讨。1994 年，APEC 设立的非约束性的投资原则框架，就对投资便利化要实现的目标、遵循的基本原则、具体实施机制、涉及的相关领域都进行了一些探索，提出便利化的基本指标应当包含提高东道国的开放性和透明度、提升投资环境的稳定性、加强对海外投资利益的保护、提高相关政策的可预测性和一致性、提高相关审理和批准程序的效率、加强对科技投资环境的改善、建立海外投资评估监督机制、注重国际合作等。

联合国贸易与发展会议（UNCTAD）也积极探索海外投资的发展趋势以及对东道国产生的影响，关注的焦点在于为海外投资领域的决策提供相关政策和数据参考，从而为世界各国的海外投资者提供相关咨询和培训，此外它还专注于为发展中国家改善海外投资基本环境和制定政策决策提供依据。因此，UNCTAD 主要通过提供相关外资吸引指数、投资潜力指数来为各国改善海外投资环境提供数据分析，用数据来阐释其便利化水平。

世界银行对海外投资便利化的评估问题也进行了阐释，并提出了自己的评价体系。世界银行在 2003 年发布了《营商环境报告》，从微观视角构建了一套比较完整的企业营商环境指标，该指标成为当前评价国家投资便利化水平的重要指标体系，后来经过不断的完善，发展成了 11 个指标，涉及 183 个经济体完善系统。11 个一级指标包括：企业投资经营分为开办企业、办理执照、获得电力、登记财产、缴纳税款、从事跨境贸易、获得信贷、保护中小投资者、执行合同、办理破产、劳动市场监管。营商环境指标在一级指标下设置了 43 个二级指标，形成了一套完整的投资便利化评价体系。

第三节 海外投资便利化的法律内容

目前，海外投资便利化成为了国际社会关注的焦点，很多国际投资协定都对这一问题进行了具体规则的阐述。其具体内容比较丰富，以下就以2015年的中国—澳大利亚自由贸易协定（简称"中澳 FTA"）、2015年的中国—韩国自由贸易协定（简称"中韩 FTA"）、2016年的欧盟—加拿大《全面经济贸易协定》（简称"CETA"）和2018年的美国—欧盟《全面与进步跨太平洋伙伴关系协定》（简称"CPTPP"）为例，阐述当前最具代表性的投资便利化内容。

一、提高制定投资政策及有关投资者条例和程序的开放度和透明度

这几个典型的协定对这一问题进行了规定和阐述，但是有的规定比较宏观和概括，有的则比较详细和具体。中韩 FTA 的规定包括：各缔约方设立联络点以尽可能提供投资设立等相关咨询服务，公开法律、法规、行政程序和裁决[1]。中澳 FTA 的规定包括：双方应在本协定生效后3年内审议双方之间的投资法律框架；提供通知和信息，提供相关服务，对相关立法、程序和信息的透明度进行了一定的阐述[2]。CETA 的规定包括：缔约各方定期或应要求对公平公正待遇等内容进行审查，公开法律、法规和管理制度及提供信息[3]。CPTPP 的规定包括：设立公开访问网站实现信息共享；进行公众意见与程序保证、合作性劳工对话和劳工磋商；设置联络点；向公众提供监管信息公开渠道并就监管机构的预期措施做出年度公告；公布法律、法规和裁决[4]。

二、加强投资政策运用的可预见性和一致性

对于这一内容，几个协定文本主要是从待遇规则的角度进行阐述，也

---

[1] 参见中韩 FTA 第12.19条、透明度章节第18.2条。

[2] 参见中澳 FTA 第9条、透明度章节第2条和第3条。

[3] 参见 CETA 第8.10条、透明度章节第27.1条、第27.2条。

[4] 参见 CPTPP 中小企业章节第24.1条，劳工章节第19.8条、第19.9条和第19.13条，劳工章节第19.11条，合作和能力建设章节第21.3条等，监管一致性章节第25.5条，透明度和反腐败章节第26.2条。

涉及一定的程序性规定。中韩 FTA 的规定包括：确保企业在一个可预见、透明和统一的商业体系内运营；国民待遇和最惠国待遇；投资争端解决；仲裁程序透明度；行政程序①。中澳 FTA 的规定包括：确信自贸区将创造稳定和可预测的贸易和投资环境；国民待遇；最惠国待遇和待遇的最低标准；投资争端解决；行政程序②。CETA 的规定包括：非歧视性待遇，包括国民待遇和最惠国待遇；投资争端解决，包括设立多边投资法庭和上诉机制；非歧视待遇；仲裁程序透明度和信息分享；行政程序③。CPTPP 文本的规定包括：通过互利规则为投资建立可预见的法律和商业框架；国民待遇、最惠国待遇、待遇的最低标准以及武装冲突和内乱情况下的待遇；非歧视待遇和透明度；投资争端解决；行政程序④。

三、设立投资便利化监控和审查机制

对于明确要求对投资便利化进行监管与审查，中韩 FTA 和中澳 FTA 均未做出具体规定。CETA 的规定包括：通过信息分享和交换促进最佳实践，并通过监管合作活动等对此进行后续审查评估⑤。CPTPP 规定包括：分享政策方法的最佳实践以保证国有和私营企业的公平竞争；开展各类活动和最佳实践分享以促进便利化能力建设；确立监管优先事项，协调或审议程序和机制并进行监管影响评估⑥。

四、建立更具建设性的利益相关方关系

这一规则要求在投资领域必须考虑相关社会责任、环境保护、公众利益等。中澳 FTA 对此规则没有进行具体的规定。中韩 FTA 的规定包括：通过现有双边渠道回应具体争议问题并提供信息，就相关法律法规征求公众意见；为缔约方对拟议措施予以评论提供合理机会；不得减损环境措施以

---

① 参见中韩 FTA 序言，第 3 条、第 4 条、第 17 条，透明度章节第 4 条。

② 参见中澳 FTA 序言，第 12.3 条、第 12.4 条、第 12.5 条、第 12.12 条，透明度章节第 18.3 条。

③ 参见 CETA 文本 C 部分的第 8.6 条、第 8.7 条，F 部分第 8.29 条，国有企业和垄断章节第 18.4 条、第 8.36 条、第 8.37 条，透明度章节第 27.3 条。

④ 参见 CPTPP 文本的序言第 9.4 条、第 9.5 条、第 9.6 条、第 9.7 条，国有企业和指定垄断章节第 17.4 条，B 部分透明度和反腐败章节第 26.3 条。

⑤ 参见 CETA 监管合作章节第 21.2 条和第 21.6 条。

⑥ 参见 CPTPP 国有企业和指定垄断章节第 17.11 条，合作和能力建设章节第 21.2 条，监管一致性第 25.2 条、第 25.4 条和第 25.5 条。

鼓励投资①。CETA 的规定包括：鼓励采用 OECD 跨国公司指导方针等国际社会认可的最佳实践提升企业社会责任；与私人实体进行磋商②。CPTPP 的规定包括：鼓励私营部门制定自律办法以促进电子商务发展，包括行为准则、示范合同、指导原则和执行机制；投资与环境、卫生和其他管理目标；企业社会责任；不得减损对环境的法律保护以鼓励投资等；在监管措施的制定中考虑利害关系人的利益；私营部门和社会参与③。

五、提升投资行政审批程序的效率和效果

这一规则主要是从程序角度来阐述，对投资过程中的审批、争议解决程序等问题进行优化。中韩 FTA 的规定包括：复议和上诉；公共电信网络或服务提供者提供互联互通的义务；签证便利化和临时入境的准予；将威海和仁川自由经济区作为合作示范区，并适时探讨推广相关措施至全国的可能性④。中澳 FTA 的规定包括：复议及诉讼；延长投资相关人士入境和临时居留时间⑤。CETA 的规定包括：复议和上诉；借由商业人士入境和逗留促进服务贸易和投资便利化；公共电信传输网络或服务的获取和使用⑥。

六、指定一个领导机构或投资促进机构承担相应职责

通过设定专门的机构来具体负责投资便利化的相关事宜，并对机构的具体名称和涉及的领域进行阐述。中韩 FTA 的规定包括：设立"投资委员会"以审议本章执行、讨论相关争议事项并提出建议⑦。中澳 FTA 的规定包括：设立"投资委员会"以审议本章执行以及促进和扩大双方投资⑧。相对于中韩 FTA 和中澳 FTA 的简略规定，CETA 和 CPTPP 的相关规定更加明确和具体。CETA 的规定包括：设立的"服务和投资委员会"为各方就

---

① 参见中澳 FTA 第 12.8 条，透明度章节第 18.1 条、第 12.16 条。

② 参见 CETA 序言，监管合作章节第 21.8 条。

③ 参见 CPTPP 电子商务章节第 14.15 条、第 9.15 条、第 9.17 条和劳工章节第 19.7 条，环境章节第 20.3 条，监管一致性章节第 25.2 条和第 25.8 条，透明和反腐败章节第 26.10 条。

④ 参见中韩 FTA 透明度章节第 18.4 条，电信章节第二节，自然人移动章节第 11.4 条和第 11.5 条，经济合作章节第 17.25 条。

⑤ 参见中澳 FTA 透明度章节第 4 条，自然人移动章节附件一。

⑥ 参见 CETA 透明度章节第 27.4 条，商业目的下的自然人入境和逗留章节第 10.2 条，电信章节第 15.3 条。

⑦ 参见中韩 FTA 第 12.17 条。

⑧ 参见中澳 FTA 第 7 条。

投资争端提供磋商平台，向 CETA 联合决策委员会提出公平公正待遇等定期审查结果①。CPTPP 的规定包括：设立"国有企业和指定垄断委员会""劳工理事会""合作与能力建设委员会""竞争力和商务便利化委员会""发展委员会""中小企业委员会""监管一致性委员会"等专门委员会②。

七、加强投资便利化的国际合作

对于这一规则，这几个典型协定表现出了高度的一致性，均对投资便利化的国际合作持积极态度，并对具体的合作路径进行了详细的阐述，特别是 CPTPP 的规则对这一问题的表述尤为详细，提出了很多的规则建议。具体而言，中韩 FTA 的规定包括：缔约双方应以合作的方式积极参与地区及多边论坛，并就最佳实践等进行讨论；设立包括环境专家交流的环境智库合作机制等③。中澳 FTA 的规定包括：各方鼓励开展提升电子商务有效性和效率的合作活动等④。CETA 的规定包括：开展电子商务对话，分享相关法律、法规和政策实践的经验；开展监管合作并设立相关论坛，包括就监管工具的影响、风险等进行交流；各方通过双边、区域和多边渠道提升透明度合作⑤。CPTPP 的规定包括：促进良好治理和法制，消除贸易和投资领域的贿赂和腐败；通过地区和多边论坛促进电子商务发展并展开网络安全事项合作；组织国际研讨会和论坛等分享国有企业公司治理和经营的信息和知识；劳工领域国际合作，包括分享替代性争议解决机制等劳工关系最佳实践；开展和强化合作与能力建设活动以促进和便利化贸易和投资；就发展利益最大化举办联合活动；增强政府间监管合作并促进良好措施的使用⑥。

八、其他相关问题

其他相关问题主要包括强化发展中伙伴国的投资便利化的努力、提升

---

① 参见 CETA 第 8.44 条。

② 参见 CPTPP 各同题章节条款。

③ 参见中韩 FTA 电子商务章节第 13.7 条，环境和贸易章节条款。

④ 参见中澳 FTA 电子商务章节第 10 条及两国签署《关于投资便利化安排的谅解备忘录》。

⑤ 参见 CETA 电子商务章节第 16.6 条，监管合作章节第 21.4 条和第 21.6 条，透明度章节第 27.5 条。

⑥ 参见 CPTPP 序言，透明度和反腐败章节第 26.7 条和第 26.8 条，电子商务章节第 14.15 条和第 14.16 条，国有企业和指定垄断章节第 17.11 条，劳工章节第 19.10 条，合作和能力建设章节第 21.2 条，发展章节第 23.6 条，监管一致性章节第 25.2 条和第 25.7 条。

发展中伙伴国的投资政策和主动投资的吸引力、加强以投资促发展的国际合作等方面的内容，中韩 FTA、中澳 FAT、CETA 均未做出相应的规定，只有 CPTPP 对相关问题进行了一定的阐述。具体而言，CPTPP 对"强化发展中伙伴国的投资便利化努力"的规定包括：鉴于各方发展水平、资源规模和相应能力不同，各方应努力为合作和能力建设提供财政和实物资源以实现目标①。CPTPP 对"提升发展中伙伴国的投资政策和主动投资的吸引力"的规定包括：通过贸易、投资和发展政策的有效协调助推可持续经济增长，利用本协定所创贸易和投资优势的政策强化基础广泛的经济增长②。CPTPP 对"加强投资促发展的国际合作"的规定包括：国有企业需基于商业考虑做出经营决策并符合透明度要求，避免损害其他市场主体的公平竞争和协定国产业经济；不得通过腐败行为获得、保留业务或与其他商业行为相关的不正当好处③。

---

① 参见 CPTPP 合作和能力建设章节第 21.5 条。
② 参见 CPTPP 发展章节第 23.1 条和第 23.3 条。
③ 参见 CPTPP 国有企业和指定垄断第 17.4 条、第 17.6 条和第 17.8 条，透明度和反腐败章节第 26.7 条。

第三章 "一带一路"沿线国家和地区投资便利化水平评估分析

　　随着"一带一路"倡议的推进实施，我国国内资本不断走向海外，特别是流向"一带一路"沿线国家和地区的资本不断增加，与沿线国家建立了更加紧密的投资市场。为了更加全面地了解"一带一路"国家①的投资环境，了解区域内的投资便利化水平，本章选用《全球竞争力报告》② 中的国别数据，对投资便利化的相关指标进行量化分析，并从区域和国家类型角度进行比较分析，力图最直观地呈现当前"一带一路"国家和地区的投资便利化水平，对相关指标数据和排名进行整理汇总、评估分析，并得出结论，为我国海外投资者在"一带一路"沿线国家和地区进行投资规划和选择提供参考。

---

　　① "一带一路"国家的范围划分属于一个开放性问题，目前存在不同的范围划分，本书采用包括中国在内的 65 个国家或地区的范围划分。"一带一路"国家包括东盟国家：新加坡、马来西亚、缅甸、印度尼西亚、泰国、老挝、柬埔寨、越南、文莱、菲律宾；南亚国家：印度、巴基斯坦、阿富汗、马尔代夫、不丹、孟加拉国、斯里兰卡、尼泊尔；西亚国家：伊朗、伊拉克、土耳其、黎巴嫩、叙利亚、约旦、以色列、沙特阿拉伯、也门、阿曼、阿联酋、巴勒斯坦、卡塔尔、科威特、巴林、塞浦路斯；蒙古及独联体国家：蒙古国、哈萨克斯坦、乌兹别克斯坦、土库曼斯坦、吉尔吉斯斯坦、塔吉克斯坦、俄罗斯、白俄罗斯、乌克兰、格鲁吉亚、阿塞拜疆、亚美尼亚、摩尔多瓦；中东欧国家：波兰、立陶宛、爱沙尼亚、拉脱维亚、捷克、斯洛伐克、匈牙利、斯洛文尼亚、克罗地亚、波黑、黑山、塞尔维亚、阿尔巴尼亚、罗马尼亚、保加利亚、希腊和北马其顿。

　　② 因为受新冠病毒感染疫情的影响，2020 年后的《全球竞争力报告》暂停了对各国具体评估数据的发布，所以，本章的研究将采用 2019 年《全球竞争力报告》的相关数据，对该报告中涉及的 54 个"一带一路"沿线国家的数据进行具体汇总和分析。

第一节　投资便利化水平的指标体系分析

在具体指标体系的选择和分析方面，本书积极借鉴以前的相关研究，对相关指标体系进行扩展和深化。虽然后面具体数据分析主要是针对一级、二级指标，但是为了更好地反映指标体系的具体内涵，还是将三级指标体系的相关内容进行呈现与解读，力图更加直观和全面地分析"一带一路"沿线主要国家的投资便利化水平。

一、投资便利化指标体系的构成

目前，学界研究投资便利化一般是采用各年度《全球竞争力报告》中的数据，并运用一定的模型进行分析。在具体的指标选择中，一般都将基础设施、制度环境、金融环境和劳动力市场等作为主要一级指标；在一级指标下面，挑选了一些二级指标，然后运用这些指标对应的数据进行分析，从而得出相关结论。然而，很多指标的选择面比较窄，难以全面地反映"一带一路"沿线国家和地区的整体投资便利化水平。对此，本书还是依据《全球竞争力报告》中各个国家的具体数据，力图扩展指标体系的构建范围，将三级指标体系呈现出来，并且最大限度地拓展各上级指标所包含的范围，并进行一定的解读（见表3-1）。

表 3-1　投资便利化水平评估的三级指标体系

一级指标	二级指标	三级指标	正向	负向
制度环境 （0~100）	权力制衡 （0~100）	预算透明度（0~100）	√	
		司法独立性（1~7）	√	
		挑战法规体系的可能性（1~7）	√	
		新闻自由度（0~100）		√
	安全（0~100）	有组织犯罪（1~7）	√	
		凶杀率（百分率）	√	
		恐怖主义事件（0~100）	√	
		警察服务的可靠性（1~7）	√	

表3-1（续）

一级指标	二级指标	三级指标	正向	负向
制度环境 （0~100）	公共部门绩效 （0~100）	政府监管的负担（1~7）	√	
		法律框架在解决争端方面的效率（1~7）	√	
		电子化参与程度（0~1）	√	
	公司治理 （0~100）	审计和会计准则的优势（1~7）	√	
		利益冲突监管（0~10）	√	
		股东治理（0~10）	√	
	未来政策方向 （0~100）	政府确保政策稳定性（1~7）	√	
		政府对变革的反应（1~7）	√	
		法律框架对数字商业模式的适应性（1~7）	√	
		政府长期愿景（1~7）	√	
		能效监管（0~100）	√	
		可再生能源监管（0~100）	√	
		生效的相关环境条约（0~29）	√	
基础设施 （0~100）	交通基础设施 （0~100）	道路连通性（0~100）	√	
		道路基础设施质量（1~7）	√	
		铁路密度（每1 000平方千米的铁路里程数）	√	
		火车服务效率（1~7）	√	
		机场连通性（0~100）	√	
		航空运输服务效率（1~7）	√	
		班轮运输连通性（0~100）	√	
		港口服务效率（1~7）	√	
	公用事业基础设施（0~100）	电力接入人口比（百分比）	√	
		电力供应质量（百分比）	√	
		接触不安全饮用水的人口（0~100）		√
		供水可靠性（1~7）	√	

表3-1(续)

一级指标	二级指标	三级指标	正向	负向
劳动力市场 (0~100)	灵活性 (0~100)	裁员成本（周薪）		√
		雇佣和解雇实践（1~7）	√	
		劳资关系合作（1~7）	√	
		工资确定的灵活性（1~7）	√	
		积极的劳动力市场政策（1~7）	√	
		工人权利（0~100）	√	
		雇用外国劳工的难易程度（1~7）	√	
		内部劳动力流动（1~7）	√	
	人才与选用 (0~100)	依赖专业管理（1~7）	√	
		薪酬和生产力（1~7）	√	
		女工与男工的工资和授薪	√	
		劳动税（百分比）		√
金融环境 (0~100)	深度（0~100）	对私营部门的国内信贷（百分比）	√	
		中小企业融资（1~7）	√	
		风险资本可用性（1~7）	√	
		市值（百分比）	√	
		保险费（百分比）	√	
	稳定性（0~100）	银行稳定性（1~7）	√	
		不良贷款（百分比）		√
		信用缺口（百分比）		√
		银行监管资本比率（百分比）		√
商业活力 (0~100)	政策要求 (0~100)	商业成本（百分比）		√
		完成审批的时间（天数）		√
		破产回收率（百分比）	√	
		破产监管框架（0~16）	√	
	创业环境 (0~100)	对创业风险的态度（1~7）	√	
		下放权力的意愿（1~7）	√	
		创新企业的成长（1~7）	√	
		企业接受创新的意愿（1~7）	√	

二、投资便利化指标体系的内涵解读

依据《全球竞争力报告》等文件内容，对投资便利化所涉及的详细指标进行解读，主要从各级指标的涵盖范围和具体内容进行阐释，并厘清投资便利化三级指标体系的框架内容与含义。

（一）制度环境

在"制度环境"这个一级指标之下，有几个二级指标，包括"权力制衡""安全""公共部门绩效""公司治理""未来政策方向"等。在每个二级指标下面，还有具体的三级指标。下面就对"制度环境"中的所有三级指标进行简单解读。

在"权力制衡"这个二级指标下面，"预算透明度"是评估政府公开预算信息的数量和及时性的。该指数使用部分问题对公开预算调查所涵盖的国家进行透明度评分（100分制），可能涵盖预算前声明、行政人员的预算提案和支持文件、行政人员的预算提案、已颁布的预算、公民预算、年度报告、年中回顾、年终报告和审计报告等。"司法独立性"主要是指一国的司法系统是否受到政府、个人及公司的影响；得分区间为1~7，1表示完全不独立，7表示完全独立。"挑战法规体系的可能性"是指私营企业可以在多大程度上挑战政府行为或法律制度；得分区间为1~7，1表示非常难挑战，7表示很容易挑战。"新闻自由度"是衡量一国新闻媒体报道的自由程度，包括媒体的独立性、媒体的质量、支持新闻制作的基础设施以及针对记者的信息和暴力行为等因素；得分区间为0~100，0表示非常高的自由度，100表示非常低的自由度。

在"安全"这个二级指标下面，有4个三级指标。"有组织犯罪"主要是体现黑社会组织性质的敲诈勒索会给企业带来多大的经营成本；得分区间为1~7，1表示在很大程度上带来巨大的经营成本，7表示完全没有，不收取任何费用。"凶杀率"主要反映一国的社会整体治安情况，用每10万人故意杀人数来衡量。"恐怖主义事件"用来评估该国恐怖袭击的频率和严重程度；尺度范围为0~100，0表示最高发生率，100表示无发生率。"警察服务的可靠性"主要体现一国的警察在维护社会治安方面多大程度上能够依据法律来提供服务；1表示根本不能，7表示在很大程度上能够依据法律来提供服务。

在二级指标"公共部门绩效"下面，三级指标有3个。"政府监管的负担"是指一国政府在监管企业设立和运营方面的负担程度，包括许可证、法规、审查等方面；得分区间为1~7，1表示监管负担很重，7表示监管负担很轻。"法律框架在解决纠纷方面的效率"是指一国法律体系在解决公司运营与司法系统矛盾方面的效率；得分区间为1~7，1表示效率极低，7表示效率极高。"电子化参与程度"指一国政府在利用电子系统为公民或企业提供相关信息、进行在线服务的情况；得分区间为0~1，0表示很少使用，1表示经常使用。

在"公司治理"下面有3个三级指标。"审计和会计准则的优势"表示一国在财务报告标准和财务审计制度方面的优势；得分区间为1~7，1表示非常差，7表示非常强。"利益冲突监管"指公司股东对董事滥用公司资产谋取私利方面的监管程度，主要包括关联交易的透明度、股东起诉和追究董事责任的能力、获取证据和分配股东诉讼费用等方面；得分区间为0~10，0表示非常差，10表示非常好。"股东治理"是衡量股东在公司治理中的权利大小的指标，包括股东在重大公司决策中的权利和作用，保护股东免受不当董事会影响的治理保障措施和巩固公司股权透明度、薪酬、审计和财务前景等；得分区间为0~10，0表示最差，10表示最佳。

在"未来政策方向"这个二级指标下面，有7个三级指标。"政府确保政策稳定性"表示一国政府在多大程度上确保营商环境政策的稳定性；得分区间为1~7，1表示根本没有，7表示最大程度。"政府对变革的反应"表示一国政府在多大程度上能应对技术变革、社会和人口趋势、经济和安全等方面的变化与挑战；得分区间为1~7，1表示根本没有，7表示最大程度。"法律框架对数字商业模式的适应性"表示一国的法律是否能够很快适应电子商务、共享经济、金融科技等领域的变化；得分区间为1~7，1表示很慢，7表示非常快。"政府长期愿景"表示一国政府在多大程度上有长远的规划与设计；得分区间为1~7，1表示根本没有，7表示很大程度上有。"能效监管"是评估一个国家的政策和法规是否有利于提高能源使用效率的指标，具体可能包括国家能效规划、能效实体、向消费者提供的有关用电量的信息、电价结构的激励措施、工商终端用户、公共部门、融资、能源效率机制、最低能效性能标准、能源标签系统、碳定价和监测等；得分区间为0~100，0表示不利于，100表示非常有利于。"可再生能源监管"是评估一个国家的政策和法规在促进可再生能源利用方面的指标，包括可再生能源的法律框架、可再生能源扩张与规划、用于可再生能源的激励措施和监管支持、金融和监管属性的激励措施、网络连接和使用、交易对手风险、碳定价和监测等；得分区间为 0~100，0 表示不利于，100 表示非常有利于。"生效的相关环境条约"表示一国已批准的环境条约总数，该指标共 29 个条约①，包括参与者、已批准、加入或生效；得分区间为 0~29，0 表示最差，29 表示最好。

（二）基础设施

在"交通基础设施"这个二级指标下面，有 8 个三级指标。"道路连通性"指将 10 个或更多大城市连接起来至少占该经济体总人口的 15% 的道路的行驶路线平均速度和直线度；得分区间为 0~100，0 表示最差，100 表示最好。"道路基础设施质量"表示一个国家的道路整体质量状况；得分区间为 1~7，1 表示最差，7 表示最好。"铁路密度"是指一国每 1 000 平方千米土地的铁路里程数。"火车服务效率"反映一国火车运输的频率、准时、速度、价格等方面的情况；得分区间为 1~7，1 表示效率最低，属于世界上最差的，7 表示效率极高，在世界上名列前茅。"机场连通性"是指一个国家空运网络的一体化程度；得分区间为 0~100，0 表示最差，100 表示最好。"航空运输服务效率"反映一国航空运输服务在频率、准时、速度、价格等方面的效率；得分区间为 1~7，1 表示效率最低，属于世界上最差的，7 表示效率极高，在世界上名列前茅。"班轮运输连通性"评估一个国家航运网络的连通性，因此不适用于内陆国家；得分区间为 0~100，

---

① 包括的条约有：1946 年《国际捕鲸管制公约》、1971 年《国际湿地公约》、1972 年《防止倾倒废物及其他物质污染海洋的公约》、1972 年《濒危野生动植物种国际贸易公约》、1973 年《防止船舶污染国际公约》、1978 年《保护迁徙野生动物物种公约》、1979 年《联合国海洋法公约》、1982 年《蒙特勒公约》、1985 年《保护臭氧层维也纳公约》、1987 年《关于消耗臭氧层物质的蒙特利尔议定书》、1989 年《控制危险废物越境转移及其处置巴塞尔公约》、1990 年《国际油污防备、反应和合作公约》、1992 年《联合国气候变化框架公约》、1992 年《生物多样性公约》、1994 年《联合国防治荒漠化公约》、1994 年《关于执行 1982 年 12 月 10 日〈联合国海洋法公约〉第十一部分的协定》、1995 年《跨界鱼类种群和高度洄游鱼类种群的养护与管理协定》、1997 年《〈联合国气候变化框架公约〉京都议定书》、1997 年《联合国国际水道非航行使用法公约》、1998 年《关于在国际贸易中对某些危险化学品和农药采用事先知情同意程序的鹿特丹公约》、2000 年《生物多样性公约卡塔赫纳生物安全议定书》、2000 年《有害和有毒物质污染事故防备、反应和合作议定书》、2001 年《关于持久性有机污染物的斯德哥尔摩公约》、2001 年《粮食和农业植物遗传资源国际条约》、2006 年《国际热带木材协定》、2010 年《生物多样性公约卡塔赫纳生物安全议定书》、2010 年《遗传资源获取与惠益分享的名古屋议定书》、2013 年《关于汞的水俣公约》》和 2015 年《巴黎协定》。

0 表示最差或没有，100 表示最好。"港口服务效率"反映一个国家在海港服务方面的效率，包括频率、准时、速度、价格等指标；得分区间为 1~7，1 表示效率极低，属于世界上最差的，7 表示效率极高，在世界上名列前茅。

在"公用事业基础设施"这个二级指标下面，有 4 个三级指标。"电力接入人口比"表示一个国家为多少比例的人口提供基本能源服务和动力。"电力供应质量"指在给消费者供电的过程中，输配电损耗（包括盗窃）占国内供应量的百分比。"接触不安全饮用水的人口"指一个国家接触不安全饮用水源风险的人口；得分区间为 0~100，0 表示人口不存在额外风险，100 表示人口处于最高风险水平的情况。"供水可靠性"反映一个国家在供水方面的连续性或波动性；得分区间为 1~7，1 表示极不可靠，7 表示非常可靠。

（三）劳动力市场

在"灵活性"这个二级指标下面，有 8 个三级指标。"裁员成本"指提前通知解雇多余工人时支付的遣散费，以周薪表示，以 1 年、5 年和 10 年工龄的费用平均成本来计算。"雇佣和解雇实践"指一个国家的法规多大程度上允许灵活聘用和解雇工作人员；得分区间为 1~7，1 表示根本没有，7 表示很大程度上允许。"劳资关系合作"是对一个国家劳资关系的整体描述；得分区间为 1~7，1 表示普遍对抗，7 表示普遍合作。"工资确定的灵活性"表示一个国家工资通过何种形式来确定；得分区间为 1~7，1 表示通过集中谈判形成，7 表示各个公司或企业自己灵活确定。"积极的劳动力市场政策"指一个国家的劳动力市场政策能在多大程度上通过精准匹配、就业培训等方式来帮助失业人员找到新的工作；得分区间为 1~7，1 表示根本没有，7 表示在很大程度上能够帮助失业人员找到新工作。"工人权利"指一个国家在保护国际公认的核心劳工权利方面的指数水平，包括公民权利、集体谈判权、罢工权、自由结社权、获得正当程序权利；该指标的得分区间为 0~100，0 表示无保护，100 表示高度保护。"雇用外国劳工的难易程度"指一个国家在雇用外国人方面的限制性规定；得分区间为 1~7，1 表示高度限制，7 表示完全没有限制。"内部劳动力流动"指一个国家不同地区之间的劳动力流动的程度；得分区间为 1~7，1 表示根本没有流动性，7 表示流动性很大。

在"人才与选用"这个二级指标下面，有 4 个三级指标。"依赖专业管理"指一个国家的企业或公司在岗人才选用（特别是高级管理职位）方面的标准和路径；得分区间为1~7，1表示通常是亲戚或朋友，不考虑专业优点，7表示很大程度上是通过择优择业的标准来选用的。"薪酬和生产力"指在一个国家的企业中，薪酬与员工生产能力有多大关系；得分区间为1~7，1表示根本没有关系，7表示有很密切的关系。"女工与男工的工资和授薪"指一个国家15~64岁的女性和男性在参与有偿就业工作方面的比率以及授薪情况。"劳动税"指劳动税额与强制性缴费（雇主支付所需的私人养老基金或工人的保险基金）的百分比。

（四）金融环境

在"深度"这个二级指标下面，有5个三级指标。"对私营部门的国内信贷"指一个国家提供给私人部门的金融资源总价值占国内生产总值（GDP）的百分比。"中小企业融资"指一个国家的金融机构多大程度上允许中小型企业进行融资；得分区间为1~7，1表示根本没有，7表示在很大程度上允许。"风险资本可用性"指一个国家的创新型风险项目获得股权融资的难易程度；得分区间为1~7，1表示极其困难，7表示非常容易。"市值"指一个国家的上市公司的总价值占GDP的百分比。"保险费"指一个国家的寿险和非寿险保费金额占GDP的百分比。

在"稳定性"这个二级指标下面，有4个三级指标。"银行稳定性"指一个国家银行系统的稳定性评估指数；得分区间为1~7，1表示极低，银行可能需要资本重组，7表示极高，银行总体健康，资产负债表稳健。"不良贷款"指一个国家不良贷款价值与经营范围内所有银行的贷款组合总价值的比值。"信用缺口"指一个国家的信贷总量与GDP比率之间的差异的长期趋势。"银行监管资本比率"是衡量存款人的资本充足率的一个指标，它是银行监管资本总额（股东权益、已披露和未披露准备金、重估准备金、一般准备金和其他工具）与银行总资产的比率。

（五）商业活力

在"政策要求"这个二级指标下面，有4个三级指标。"商业成本"主要包括所有官方费用和法律或专业服务费用。"完成审批的时间"主要指经营企业完成合法经营审批所需要的时间，体现了审批的效率。"破产回收率"指企业在进行司法重组、清算或强制执行债务等程序时，能够收回的资产比例。"破产监管框架"指适用于清算和重组程序的法律框架的充分性和完整性的指数得分，分数从 0 到 16 不等，较高的值表明破产立法规则更适合恢复有活力的公司，清算无活力的公司。

在"创业环境"这个二级指标下面，有 4 个三级指标。"对创业风险的态度"指社会对创业的兴趣与期望；得分区间为 1~7，1 表示根本没有，7 表示在很大程度上有兴趣。"下放权力的意愿"指企业高层对管理权力下放的意愿；得分区间为 1~7，1 表示根本不会，7 表示在很大程度上会。"创新企业的成长"指有创新意愿的企业能否快速成长；得分区间为 1~7，1 表示根本没有，7 表示在很大程度上能快速成长。"企业接受创新的意愿"指企业多大程度上能够接受颠覆性的创意或创新思想；得分区间为 1~7，1 表示根本不会，7 表示在很大程度上能接受。

第二节 "一带一路"沿线国家和地区投资便利化水平的指标分析

随着"一带一路"倡议的推进实施，我国与"一带一路"沿线国家和地区的经贸与投资往来日益频繁。在海外投资领域，我国国内资本在"一带一路"国家的投资流量与存量均快速、稳定增长。通过对具体数据的梳理与分析，可以对"一带一路"沿线国家和地区的投资便利化水平进行较为全面的对比分析与评估，进而为我国参与"一带一路"沿线国家和地区海外投资活动的企业提供参考与借鉴，为推进我国海外投资的可持续发展提供帮助。

一、指标数据梳理

本研究主要采用《全球投资报告（2019）》的详细数据，通过前述所选取的海外投资便利化指标体系，对涉及"一带一路"沿线国家和地区海外投资便利化的 5 个一级指标和 13 个二级指标的相关指数和全球排名数据进行汇总，通过具体数据全面呈现当前"一带一路"主要国家和地区在各个领域和层面的投资便利化情况（见表 3-2）。

表 3-2 54 个"一带一路"国家的海外投资便利化指数①

区域	国家	一级指标	得分	排名	二级指标	得分	排名
东盟	文莱	制度环境	58.3	50	权力制衡	37.1	118
					安全	85	33
					公共部门绩效	49.8	77
					公司治理	62	61
					未来政策方向	56.6	64
		基础设施	70.1	58	交通基础设施	47.8	77
					公用事业基础设施	92.3	45
		劳动力市场	67	30	灵活性	64.1	27
					人才与选用	69.8	38
		金融环境	55.1	98	深度	28.7	102
					稳定性	88.2	73
		商业活力	61.8	62	政策要求	76.1	51
					创业环境	47.5	91
	柬埔寨	制度环境	41.9	123	权力制衡	33.5	130
					安全	71.7	87
					公共部门绩效	31.3	131
					公司治理	48.1	107
					未来政策方向	47.3	102
		基础设施	54.9	106	交通基础设施	42.4	96
					公用事业基础设施	67.4	107
		劳动力市场	60.3	65	灵活性	54.6	94
					人才与选用	66	57
		金融环境	56.4	88	深度	34.7	82
					稳定性	83.5	100
		商业活力	46.6	127	政策要求	43.5	134
					创业环境	49.6	76

---

① 本表依据《全球投资报告（2019）》的数据整理而成。

表3-2(续)

区域	国家	一级指标	得分	排名	二级指标	得分	排名
东盟	印度尼西亚	制度环境	58.1	51	权力制衡	57.2	39
					安全	77.2	62
					公共部门绩效	54.6	54
					公司治理	62.3	57
					未来政策方向	55.9	68
		基础设施	67.7	72	交通基础设施	56.1	55
					公用事业基础设施	79.4	89
		劳动力市场	57.7	85	灵活性	51.4	119
					人才与选用	63.9	65
		金融环境	64	57	深度	43.3	56
					稳定性	89.8	58
		商业活力	69.6	30	政策要求	78.4	44
					创业环境	60.8	25
	老挝	制度环境	42.8	119	权力制衡	34.9	125
					安全	74	73
					公共部门绩效	37.8	118
					公司治理	37.2	136
					未来政策方向	44.5	113
		基础设施	59.2	93	交通基础设施	45.3	87
					公用事业基础设施	73.2	97
		劳动力市场	57	87	灵活性	52.1	112
					人才与选用	61.9	74
		金融环境	55.2	97	深度	31.9	93
					稳定性	84.4	95
		商业活力	36.8	137	政策要求	24.2	139
					创业环境	49.4	78

表3-2（续）

区域	国家	一级指标	得分	排名	二级指标	得分	排名
东盟	马来西亚	制度环境	68.5	25	权力制衡	60.2	32
					安全	84	37
					公共部门绩效	74.8	8
					公司治理	78.9	5
					未来政策方向	66.9	25
		基础设施	78	35	交通基础设施	66.4	29
					公用事业基础设施	89.7	51
		劳动力市场	70.2	20	灵活性	68.3	16
					人才与选用	72	24
		金融环境	85.3	15	深度	79	15
					稳定性	93.2	28
		商业活力	74.6	18	政策要求	78.9	41
					创业环境	70.4	4
	菲律宾	制度环境	50	87	权力制衡	47.5	78
					安全	44.8	129
					公共部门绩效	53.5	56
					公司治理	52	100
					未来政策方向	57.3	60
		基础设施	57.8	96	交通基础设施	41.5	102
					公用事业基础设施	74.1	96
		劳动力市场	64.9	42	灵活性	59.8	56
					人才与选用	70.1	35
		金融环境	68.3	46	深度	50.3	43
					稳定性	90.8	48
		商业活力	65.7	44	政策要求	67.4	79
					创业环境	64.1	18

表3-2(续)

区域	国家	一级指标	得分	排名	二级指标	得分	排名
东盟	新加坡	制度环境	80.4	2	权力制衡	65.9	23
					安全	96.1	2
					公共部门绩效	85.9	1
					公司治理	82.5	2
					未来政策方向	74.5	8
		基础设施	95.4	1	交通基础设施	91.7	1
					公用事业基础设施	99.2	5
		劳动力市场	81.2	1	灵活性	79.8	1
					人才与选用	82.7	5
		金融环境	91.3	2	深度	86.7	2
					稳定性	97	3
		商业活力	75.6	14	政策要求	86.9	19
					创业环境	64.2	16
	泰国	制度环境	54.8	67	权力制衡	50	61
					安全	64.7	110
					公共部门绩效	54.8	51
					公司治理	71.9	23
					未来政策方向	53.3	77
		基础设施	67.8	71	交通基础设施	56.8	53
					公用事业基础设施	78.9	90
		劳动力市场	63.4	46	灵活性	53.7	102
					人才与选用	73.1	22
		金融环境	85.1	16	深度	73.8	17
					稳定性	93.6	21
		商业活力	72	21	政策要求	86.9	18
					创业环境	57	33

表3-2（续）

区域	国家	一级指标	得分	排名	二级指标	得分	排名
东盟	越南	制度环境	49.8	89	权力制衡	31	135
					安全	77.2	61
					公共部门绩效	50.7	73
					公司治理	51.1	104
					未来政策方向	60.8	40
		基础设施	65.9	77	交通基础设施	52.2	66
					公用事业基础设施	79.6	87
		劳动力市场	58.2	82	灵活性	56.5	82
					人才与选用	60	82
		金融环境	63.9	60	深度	48.2	52
					稳定性	83.4	101
		商业活力	56.5	89	政策要求	62.6	96
					创业环境	50.4	68
南亚	印度	制度环境	56.8	59	权力制衡	51.9	54
					安全	56.4	124
					公共部门绩效	66.4	25
					公司治理	74.2	15
					未来政策方向	69.7	15
		基础设施	68.1	70	交通基础设施	66.4	28
					公用事业基础设施	69.8	103
		劳动力市场	53.9	103	灵活性	56.8	77
					人才与选用	51	118
		金融环境	69.5	40	深度	58.6	34
					稳定性	83	103
		商业活力	60	69	政策要求	64.6	89
					创业环境	55.5	41

表3-2（续）

区域	国家	一级指标	得分	排名	二级指标	得分	排名
南亚	巴基斯坦	制度环境	47.7	107	权力制衡	48.4	72
					安全	45.5	126
					公共部门绩效	47.8	87
					公司治理	64.3	47
					未来政策方向	52.3	82
		基础设施	55.6	105	交通基础设施	51.1	69
					公用事业基础设施	60	114
		劳动力市场	51.3	120	灵活性	54.3	96
					人才与选用	48.2	122
		金融环境	50	99	深度	30.7	96
					稳定性	85.4	86
		商业活力	63.2	56	政策要求	75.1	52
					创业环境	51.5	59
	孟加拉国	制度环境	45.9	109	权力制衡	40.1	107
					安全	67.9	101
					公共部门绩效	52.3	62
					公司治理	51.2	102
					未来政策方向	46.8	103
		基础设施	51.1	113	交通基础设施	42.1	100
					公用事业基础设施	60.2	114
		劳动力市场	51.2	121	灵活性	49.7	121
					人才与选用	52.7	109
		金融环境	52.1	106	深度	32.5	90
					稳定性	76.7	129
		商业活力	49.9	118	政策要求	56.7	121
					创业环境	43.1	114

表3-2(续)

区域	国家	一级指标	得分	排名	二级指标	得分	排名
南亚	尼泊尔	制度环境	47.9	103	权力制衡	48.2	75
					安全	71.3	88
					公共部门绩效	51	68
					公司治理	55.3	90
					未来政策方向	38.4	125
		基础设施	51.8	112	交通基础设施	44.1	91
					公用事业基础设施	59.5	116
		劳动力市场	49.1	125	灵活性	51.6	116
					人才与选用	46.6	128
		金融环境	66.4	51	深度	51.8	44
					稳定性	84.6	92
		商业活力	55.8	98	政策要求	66.8	83
					创业环境	44.7	103
	斯里兰卡	制度环境	51.6	79	权力制衡	48.5	71
					安全	73.5	76
					公共部门绩效	48	86
					公司治理	62.5	56
					未来政策方向	49.1	92
		基础设施	69.2	61	交通基础设施	57.7	50
					公用事业基础设施	80.8	52
		劳动力市场	51.8	118	灵活性	47.6	132
					人才与选用	55.9	100
		金融环境	56.9	87	深度	35.3	81
					稳定性	84.1	97
		商业活力	60	70	政策要求	69.2	72
					创业环境	50.8	64

表3-2(续)

区域	国家	一级指标	得分	排名	二级指标	得分	排名
西亚	巴林	制度环境	62.9	38	权力制衡	48.7	70
					安全	95.1	4
					公共部门绩效	66.9	22
					公司治理	71	28
					未来政策方向	56.4	66
		基础设施	78.4	31	交通基础设施	62.1	35
					公用事业基础设施	94.6	30
		劳动力市场	66.4	33	灵活性	70.1	7
					人才与选用	62.7	70
		金融环境	71.3	37	深度	54.8	40
					稳定性	91.9	38
		商业活力	64.3	48	政策要求	70.1	70
					创业环境	58.5	30
	塞浦路斯	制度环境	64	31	权力制衡	59.8	36
					安全	83.8	39
					公共部门绩效	55.6	50
					公司治理	65.9	44
					未来政策方向	62.4	35
		基础设施	74.9	48	交通基础设施	55.1	60
					公用事业基础设施	94.7	34
		劳动力市场	66.1	35	灵活性	63.5	29
					人才与选用	68.8	45
		金融环境	58.2	76	深度	49.7	49
					稳定性	68.8	134
		商业活力	66.2	37	政策要求	84.9	25
					创业环境	47.6	90

表3-2(续)

区域	国家	一级指标	得分	排名	二级指标	得分	排名
西亚	伊朗	制度环境	42.5	120	权力制衡	24.7	138
					安全	72.8	82
					公共部门绩效	34.8	128
					公司治理	37	137
					未来政策方向	49.7	87
		基础设施	64.8	80	交通基础设施	46.8	82
					公用事业基础设施	82.7	76
		劳动力市场	41.3	140	灵活性	45.2	135
					人才与选用	37.5	139
		金融环境	47.5	123	深度	32.8	88
					稳定性	66	137
		商业活力	44.3	132	政策要求	49.6	127
					创业环境	39.1	131
	以色列	制度环境	65.6	27	权力制衡	59.9	35
					安全	82.4	42
					公共部门绩效	61.3	35
					公司治理	76.1	10
					未来政策方向	58	59
		基础设施	83	23	交通基础设施	67.7	26
					公用事业基础设施	98.4	13
		劳动力市场	71.1	18	灵活性	60.2	50
					人才与选用	82	9
		金融环境	80.6	23	深度	69.8	25
					稳定性	93.9	16
		商业活力	79.6	4	政策要求	83.1	29
					创业环境	76	1

表3-2(续)

区域	国家	一级指标	得分	排名	二级指标	得分	排名
西亚	约旦	制度环境	59.8	46	权力制衡	60.1	33
					安全	85.7	31
					公共部门绩效	51.9	64
					公司治理	54.2	192
					未来政策方向	59.8	44
		基础设施	67.4	74	交通基础设施	47.4	80
					公用事业基础设施	87.5	62
		劳动力市场	57.7	84	灵活性	64.1	26
					人才与选用	51.3	116
		金融环境	71.6	39	深度	55.4	39
					稳定性	91.8	39
		商业活力	56.6	88	政策要求	59.2	112
					创业环境	554	46
	科威特	制度环境	55.6	65	权力制衡	50.2	60
					安全	82.3	43
					公共部门绩效	58.2	42
					公司治理	58.3	79
					未来政策方向	42.9	117
		基础设施	68.4	66	交通基础设施	47.6	79
					公用事业基础设施	89.2	52
		劳动力市场	54.3	101	灵活性	48.1	128
					人才与选用	60.6	79
		金融环境	71.6	34	深度	59.1	33
					稳定性	87.3	75
		商业活力	56.1	94	政策要求	60.6	105
					创业环境	51.6	58

表3-2(续)

区域	国家	一级指标	得分	排名	二级指标	得分	排名
西亚	黎巴嫩	制度环境	44.4	113	权力制衡	33.4	131
					安全	69.5	56
					公共部门绩效	38.8	115
					公司治理	46.2	113
					未来政策方向	44.8	109
		基础设施	61.3	89	交通基础设施	49.5	70
					公用事业基础设施	73	99
		劳动力市场	54.4	100	灵活性	57.2	73
					人才与选用	51.6	114
		金融环境	64.7	58	深度	47.1	54
					稳定性	86.7	80
		商业活力	53	110	政策要求	56.1	119
					创业环境	49.9	74
	阿曼	制度环境	62.3	39	权力制衡	56.6	41
					安全	92.9	6
					公共部门绩效	70.8	15
					公司治理	54.2	93
					未来政策方向	55.2	71
		基础设施	80.5	28	交通基础设施	73.1	18
					公用事业基础设施	87.9	61
		劳动力市场	55.7	97	灵活性	55.4	86
					人才与选用	56.1	99
		金融环境	63.9	59	深度	49.3	50
					稳定性	82.1	107
		商业活力	62.8	56	政策要求	69.2	73
					创业环境	56.5	38

表3-2（续）

区域	国家	一级指标	得分	排名	二级指标	得分	排名
西亚	卡塔尔	制度环境	63.2	35	权力制衡	49.3	67
					安全	89.4	19
					公共部门绩效	69.9	17
					公司治理	43.4	121
					未来政策方向	58.4	54
		基础设施	81.6	24	交通基础设施	71.4	19
					公用事业基础设施	91.9	46
		劳动力市场	63.4	51	灵活性	59.9	54
					人才与选用	66.9	47
		金融环境	81.3	22	深度	77	18
					稳定性	86.8	79
		商业活力	66	39	政策要求	66.3	86
					创业环境	65.6	12
	沙特阿拉伯	制度环境	63.2	37	权力制衡	42.6	100
					安全	88.7	21
					公共部门绩效	67.2	20
					公司治理	75.8	6
					未来政策方向	63.8	31
		基础设施	78.1	36	交通基础设施	64.4	34
					公用事业基础设施	91.7	47
		劳动力市场	56.6	89	灵活性	56.7	78
					人才与选用	56.6	98
		金融环境	70.7	38	深度	51.1	45
					稳定性	95.1	7
		商业活力	53.1	109	政策要求	44.8	132
					创业环境	61.5	24

表3-2(续)

区域	国家	一级指标	得分	排名	二级指标	得分	排名
西亚	土耳其	制度环境	53.9	71	权力制衡	41.7	104
					安全	61	119
					公共部门绩效	57.1	46
					公司治理	66.7	42
					未来政策方向	72	61
		基础设施	74.3	49	交通基础设施	64.9	33
					公用事业基础设施	83.6	75
		劳动力市场	52.9	109	灵活性	53.8	99
					人才与选用	51.9	112
		金融环境	61.2	68	深度	39.4	67
					稳定性	88.4	68
		商业活力	58.8	75	政策要求	67.4	80
					创业环境	50.2	71
	阿联酋	制度环境	73.3	15	权力制衡	61.3	30
					安全	92.8	7
					公共部门绩效	80	4
					公司治理	73.9	16
					未来政策方向	73.8	9
		基础设施	88.5	12	交通基础设施	84.1	8
					公用事业基础设施	92.9	44
		劳动力市场	66.2	34	灵活性	66.1	22
					人才与选用	66.2	55
		金融环境	73.8	31	深度	60.4	31
					稳定性	90.6	50
		商业活力	69.3	31	政策要求	71.1	69
					创业环境	67.4	8

表3-2(续)

区域	国家	一级指标	得分	排名	二级指标	得分	排名
西亚	也门	制度环境	29	140	权力制衡	22.3	140
					安全	43	133
					公共部门绩效	24.9	139
					公司治理	38.1	134
					未来政策方向	25.1	139
		基础设施	33.9	135	交通基础设施	20.5	140
					公用事业基础设施	47.2	127
		劳动力市场	40.9	139	灵活性	40.2	141
					人才与选用	41.6	136
		金融环境	29	141	深度	11.5	141
					稳定性	64	139
		商业活力	37.4	136	政策要求	38.1	137
					创业环境	36.7	135
蒙古及独联体①	蒙古国	制度环境	49.8	90	权力制衡	45.5	90
					安全	74.2	71
					公共部门绩效	45.5	95
					公司治理	61.4	64
					未来政策方向	37.2	127
		基础设施	56.6	101	交通基础设施	35.5	119
					公用事业基础设施	77.6	91
		劳动力市场	64	43	灵活性	57.4	69
					人才与选用	70.6	31
		金融环境	50.5	108	深度	24.7	114
					稳定性	82.8	104
		商业活力	53.3	105	政策要求	61.9	101
					创业环境	44.7	108

① 独联体总部设在白俄罗斯首都明斯克,现有9个成员,分别是阿塞拜疆、亚美尼亚、白俄罗斯、摩尔多瓦、吉尔吉斯斯坦、哈萨克斯坦、俄罗斯、乌兹别克斯坦、塔吉克斯坦,原来的独联体成员土库曼斯坦、格鲁吉亚、乌克兰分别于2005年、2008年、2014年退出,但本书仍然将其作为一个区域进行讨论。

表3-2(续)

区域	国家	一级指标	得分	排名	二级指标	得分	排名
蒙古及独联体	哈萨克斯坦	制度环境	55.6	64	权力制衡	47.8	76
					安全	72.5	84
					公共部门绩效	61.3	36
					公司治理	74.6	12
					未来政策方向	55.1	71
		基础设施	68.3	67	交通基础设施	48.7	73
					公用事业基础设施	88	60
		劳动力市场	67.8	25	灵活性	64.3	25
					人才与选用	71.3	26
		金融环境	53.1	104	深度	29.7	98
					稳定性	82.3	106
		商业活力	66.6	35	政策要求	82.7	32
					创业环境	50.5	67
	塔吉克斯坦	制度环境	51.7	78	权力制衡	45.9	88
					安全	79.5	53
					公共部门绩效	51	69
					公司治理	63	53
					未来政策方向	52.6	80
		基础设施	60.6	91	交通基础设施	39.6	101
					公用事业基础设施	81.6	80
		劳动力市场	59.8	71	灵活性	62.9	38
					人才与选用	56.8	97
		金融环境	48.8	117	深度	25.8	108
					稳定性	77.6	125
		商业活力	54.8	100	政策要求	60.6	106
					创业环境	49	81

表3-2(续)

区域	国家	一级指标	得分	排名	二级指标	得分	排名
蒙古及独联体	吉尔吉斯斯坦	制度环境	49	93	权力制衡	47.4	81
					安全	67.5	103
					公共部门绩效	47.2	89
					公司治理	58.3	78
					未来政策方向	37.1	129
		基础设施	55.8	103	交通基础设施	32.1	129
					公用事业基础设施	79.5	88
		劳动力市场	58.4	81	灵活性	56	84
					人才与选用	60.7	78
		金融环境	50	112	深度	23.3	118
					稳定性	83.6	99
		商业活力	58.6	79	政策要求	71.2	67
					创业环境	46	95
	亚美尼亚	制度环境	56.2	62	权力制衡	55.4	46
					安全	84.2	36
					公共部门绩效	53	58
					公司治理	62.7	55
					未来政策方向	49	93
		基础设施	69.4	60	交通基础设施	48.6	74
					公用事业基础设施	90.2	49
		劳动力市场	66.4	36	灵活性	62.8	39
					人才与选用	70.1	34
		金融环境	60.2	69	深度	36.4	75
					稳定性	89.9	56
		商业活力	62.5	57	政策要求	71.1	68
					创业环境	53.9	47

表3-2(续)

区域	国家	一级指标	得分	排名	二级指标	得分	排名
蒙古及独联体	阿塞拜疆	制度环境	58.5	49	权力制衡	49.1	69
					安全	87.6	22
					公共部门绩效	66.8	23
					公司治理	76.6	99
					未来政策方向	55.3	70
		基础设施	77.4	38	交通基础设施	65.8	31
					公用事业基础设施	88.9	56
		劳动力市场	69.4	21	灵活性	71.2	5
					人才与选用	67.6	48
		金融环境	55.4	96	深度	32	92
					稳定性	84.7	98
		商业活力	71.5	23	政策要求	81	36
					创业环境	62.1	22
	格鲁吉亚	制度环境	61	43	权力制衡	60	34
					安全	86.3	27
					公共部门绩效	54	55
					公司治理	18	121
					未来政策方向	51.7	83
		基础设施	67.6	73	交通基础设施	46	83
					公用事业基础设施	89.2	53
		劳动力市场	65.3	39	灵活性	62.4	42
					人才与选用	68.3	37
		金融环境	56.2	91	深度	29.4	99
					稳定性	89.6	59
		商业活力	62.2	58	政策要求	77.4	48
					创业环境	47	93

表3-2(续)

区域	国家	一级指标	得分	排名	二级指标	得分	排名
蒙古及独联体	摩尔多瓦	制度环境	51.4	81	权力制衡	43.9	95
					安全	73.3	78
					公共部门绩效	51.8	65
					公司治理	63.5	51
					未来政策方向	44.2	114
		基础设施	66.2	76	交通基础设施	52.2	67
					公用事业基础设施	80.2	84
		劳动力市场	61.9	56	灵活性	57.4	70
					人才与选用	66.4	52
		金融环境	46.8	124	深度	23.4	116
					稳定性	76.1	130
		商业活力	60.1	68	政策要求	75.8	54
					创业环境	44.7	104
	俄罗斯	制度环境	52.6	74	权力制衡	48.4	73
					安全	68.6	99
					公共部门绩效	56.9	47
					公司治理	59.2	75
					未来政策方向	54.7	75
		基础设施	73.8	50	交通基础设施	57.7	49
					公用事业基础设施	89.9	50
		劳动力市场	61	62	灵活性	60	52
					人才与选用	62.1	72
		金融环境	55.7	95	深度	36.3	77
					稳定性	79.9	120
		商业活力	63.1	53	政策要求	76.7	50
					创业环境	49.5	77

表3-2(续)

区域	国家	一级指标	得分	排名	二级指标	得分	排名
蒙古及独联体	乌克兰	制度环境	47.9	104	权力制衡	47	84
					安全	62.6	116
					公共部门绩效	50.8	72
					公司治理	54.5	91
					未来政策方向	48.7	94
		基础设施	70.3	59	交通基础设施	55.5	57
					公用事业基础设施	85.2	71
		劳动力市场	61.4	61	灵活性	58.6	59
					人才与选用	64.1	63
		金融环境	42.3	136	深度	30	97
					稳定性	57.6	141
		商业活力	51	85	政策要求	64.3	90
					创业环境	50	73
中东欧	阿尔巴尼亚	制度环境	51.9	76	权力制衡	40.2	106
					安全	74.1	72
					公共部门绩效	52.7	60
					公司治理	67.3	38
					未来政策方向	58.9	52
		基础设施	57.7	98	交通基础设施	35.5	120
					公用事业基础设施	79.9	85
		劳动力市场	65.3	38	灵活性	61.5	45
					人才与选用	69	43
		金融环境	53.3	102	深度	26.8	104
					稳定性	86.4	81
		商业活力	61.8	63	政策要求	81.2	35
					创业环境	42.4	117

表3-2(续)

区域	国家	一级指标	得分	排名	二级指标	得分	排名
中东欧	波黑	制度环境	44.4	114	权力制衡	34.9	124
					安全	73.1	79
					公共部门绩效	26.4	137
					公司治理	54.1	94
					未来政策方向	42.2	118
		基础设施	63	84	交通基础设施	39.8	108
					公用事业基础设施	86.2	67
		劳动力市场	53.3	107	灵活性	52.6	107
					人才与选用	53.9	106
		金融环境	57.9	80	深度	35.9	79
					稳定性	85.3	87
		商业活力	51.1	117	政策要求	61.8	102
					创业环境	40.1	125
	保加利亚	制度环境	56.8	57	权力制衡	51.8	56
					安全	73	81
					公共部门绩效	56.8	48
					公司治理	67	40
					未来政策方向	63	33
		基础设施	71.3	56	交通基础设施	51.7	68
					公用事业基础设施	91	48
		劳动力市场	64.6	40	灵活性	63.4	31
					人才与选用	65.8	58
		金融环境	59.6	73	深度	38.9	68
					稳定性	85.5	85
		商业活力	61.9	61	政策要求	73	60
					创业环境	50.7	65

表3-2(续)

区域	国家	一级指标	得分	排名	二级指标	得分	排名
中东欧	克罗地亚	制度环境	51.8	77	权力制衡	42	103
					安全	78.7	57
					公共部门绩效	35.8	122
					公司治理	60.7	70
					未来政策方向	46.4	105
		基础设施	78.2	37	交通基础设施	62.1	36
					公用事业基础设施	94.4	38
		劳动力市场	56	94	灵活性	51.5	117
					人才与选用	60.4	80
		金融环境	61.9	63	深度	42	60
					稳定性	86.8	78
		商业活力	54.6	101	政策要求	71.8	64
					创业环境	37.5	134
	捷克	制度环境	60.9	28	权力制衡	56.9	25
					安全	86.2	20
					公共部门绩效	44	121
					公司治理	62.3	42
					未来政策方向	58.5	58
		基础设施	83.8	20	交通基础设施	70.5	22
					公用事业基础设施	97.1	18
		劳动力市场	63.3	48	灵活性	60.3	49
					人才与选用	66.3	54
		金融环境	67.6	47	深度	46.8	55
					稳定性	93.6	20
		商业活力	68.7	32	政策要求	83.9	26
					创业环境	53.5	49

表3-2(续)

区域	国家	一级指标	得分	排名	二级指标	得分	排名
中东欧	爱沙尼亚	制度环境	70.2	21	权力制衡	70.6	17
					安全	91.8	12
					公共部门绩效	66.3	26
					公司治理	62.8	54
					未来政策方向	67.2	33
		基础设施	75.8	45	交通基础设施	55.7	88
					公用事业基础设施	95.9	28
		劳动力市场	70.2	19	灵活性	70	8
					人才与选用	70.4	33
		金融环境	65.2	52	深度	42.6	58
					稳定性	93.4	23
		商业活力	69.9	29	政策要求	80.4	37
					创业环境	59.5	27
	希腊	制度环境	50.5	85	权力制衡	47.4	82
					安全	77.5	60
					公共部门绩效	45.8	92
					公司治理	57.5	82
					未来政策方向	49.3	89
		基础设施	77.7	40	交通基础设施	60.6	39
					公用事业基础设施	94.7	35
		劳动力市场	52.7	111	灵活性	47	133
					人才与选用	58.5	90
		金融环境	49	115	深度	40.9	63
					稳定性	59.1	140
		商业活力	58.8	76	政策要求	74.5	58
					创业环境	43.1	113

表3-2（续）

区域	国家	一级指标	得分	排名	二级指标	得分	排名
中东欧	匈牙利	制度环境	55.7	63	权力制衡	42.4	101
					安全	77.8	59
					公共部门绩效	48.1	83
					公司治理	55.7	86
					未来政策方向	63.4	32
		基础设施	80.7	31	交通基础设施	66	30
					公用事业基础设施	95.3	29
		劳动力市场	58.6	80	灵活性	58.4	62
					人才与选用	58.9	87
		金融环境	61.5	66	深度	37.6	70
					稳定性	91.3	43
		商业活力	58.1	83	政策要求	75.3	55
					创业环境	40.9	122
	拉脱维亚	制度环境	59.3	47	权力制衡	53.2	48
					安全	80	51
					公共部门绩效	49.7	79
					公司治理	64	49
					未来政策方向	59	50
		基础设施	76	43	交通基础设施	57.3	52
					公用事业基础设施	94.7	33
		劳动力市场	67.3	28	灵活性	65.4	24
					人才与选用	69.2	42
		金融环境	57.1	85	深度	35.4	80
					稳定性	84.2	96
		商业活力	65.9	40	政策要求	78.4	45
					创业环境	53.4	50

表3-2（续）

区域	国家	一级指标	得分	排名	二级指标	得分	排名
中东欧	立陶宛	制度环境	63.3	34	权力制衡	57.8	37
					安全	84.6	34
					公共部门绩效	56.1	49
					公司治理	67.7	37
					未来政策方向	62.1	37
		基础设施	77	39	交通基础设施	59.2	43
					公用事业基础设施	94.8	32
		劳动力市场	68.8	24	灵活性	66.9	20
					人才与选用	70.8	29
		金融环境	58.3	75	深度	32.7	89
					稳定性	90.3	52
		商业活力	65.6	45	政策要求	72.1	63
					创业环境	59.2	28
	黑山	制度环境	57.3	53	权力制衡	50.5	59
					安全	79.2	55
					公共部门绩效	59.3	38
					公司治理	59.5	73
					未来政策方向	62.8	39
		基础设施	63.8	83	交通基础设施	40.5	106
					公用事业基础设施	86.7	66
		劳动力市场	67.7	26	灵活性	65.5	23
					人才与选用	69.9	37
		金融环境	68	44	深度	52.3	43
					稳定性	87.5	74
		商业活力	64	50	政策要求	79.9	39
					创业环境	48.1	87

表3-2(续)

区域	国家	一级指标	得分	排名	二级指标	得分	排名
中东欧	北马其顿	制度环境	50.7	84	权力制衡	38	116
					安全	69.2	97
					公共部门绩效	42.9	102
					公司治理	69.6	32
					未来政策方向	49.4	88
		基础设施	66.9	75	交通基础设施	45.7	84
					公用事业基础设施	88	59
		劳动力市场	58.3	83	灵活性	54.8	92
					人才与选用	61.9	73
		金融环境	57.3	84	深度	33.7	86
					稳定性	86.8	77
		商业活力	61.2	65	政策要求	82.9	31
					创业环境	39.5	129
	波兰	制度环境	56.4	60	权力制衡	45.8	89
					安全	79.7	52
					公共部门绩效	51.5	66
					公司治理	61.4	65
					未来政策方向	48	99
		基础设施	81.2	29	交通基础设施	67.8	25
					公用事业基础设施	94.5	37
		劳动力市场	59.9	70	灵活性	54.5	95
					人才与选用	65.3	60
		金融环境	64.1	55	深度	42.3	59
					稳定性	91.2	44
		商业活力	62	59	政策要求	77.6	47
					创业环境	46.4	94

表3-2（续）

区域	国家	一级指标	得分	排名	二级指标	得分	排名
中东欧	罗马尼亚	制度环境	58.1	52	权力制衡	57.2	38
					安全	81.5	45
					公共部门绩效	50.9	70
					公司治理	61.1	66
					未来政策方向	58.5	57
		基础设施	71.7	55	交通基础设施	54.4	61
					公用事业基础设施	89	55
		劳动力市场	61.6	57	灵活性	63.3	33
					人才与选用	59.9	83
		金融环境	57	86	深度	31.8	94
					稳定性	88.4	67
		商业活力	59.7	72	政策要求	71.2	66
					创业环境	48.1	86
	塞尔维亚	制度环境	52.5	75	权力制衡	44.9	93
					安全	75.2	66
					公共部门绩效	50.2	74
					公司治理	55.5	87
					未来政策方向	53.9	76
		基础设施	73.8	51	交通基础设施	58.7	46
					公用事业基础设施	89	54
		劳动力市场	62.1	54	灵活性	59.9	53
					人才与选用	64.3	62
		金融环境	57.4	83	深度	34.7	83
					稳定性	85.8	83
		商业活力	63.1	54	政策要求	78.8	42
					创业环境	47.4	92

表3-2(续)

区域	国家	一级指标	得分	排名	二级指标	得分	排名
中东欧	斯洛伐克	制度环境	56.3	61	权力制衡	46.8	85
					安全	73.3	77
					公共部门绩效	42.6	103
					公司治理	60.9	67
					未来政策方向	58.7	55
		基础设施	78.6	30	交通基础设施	59.5	42
					公用事业基础设施	97.6	16
		劳动力市场	60.7	64	灵活性	58.4	63
					人才与选用	62.9	67
		金融环境	64.4	56	深度	40.6	65
					稳定性	94.2	14
		商业活力	62.8	55	政策要求	76.8	49
					创业环境	48.9	83
	斯洛文尼亚	制度环境	63.4	33	权力制衡	54.2	47
					安全	87.2	24
					公共部门绩效	48.1	84
					公司治理	68.5	34
					未来政策方向	62.1	38
		基础设施	78.1	33	交通基础设施	58.3	47
					公用事业基础设施	97.9	14
		劳动力市场	64.5	41	灵活性	57.7	67
					人才与选用	71.2	27
		金融环境	63.8	61	深度	43	57
					稳定性	89.9	54
		商业活力	70.1	26	政策要求	90	10
					创业环境	50.3	69

二、"一带一路"国家投资便利化水平的分级评估

本部分内容主要对 54 个"一带一路"主要沿线国家各个领域的投资便利化进行全面分析，将依据具体的排名来进行分段：排名全球前 40 的视为较高水平，排名全球 41~80 的视为中等水平，排名全球 80 之后的视为低水平。这些分段可以帮助我们了解"一带一路"沿线国家投资便利化水平的基本状态。

（一）一级指标水平评估

1. 制度环境

在"制度环境"领域，共有 13 个国家的排名在全球前 40，占到了 54 个"一带一路"主要沿线国家的 20.07%。具体排名为：新加坡排名第 2、阿联酋排名第 15、爱沙尼亚排名第 21、马来西亚排名第 25、以色列排名第 27、捷克排名第 28、塞浦路斯排名第 31、斯洛文尼亚排名第 33、立陶宛排名第 34、卡塔尔排名第 35、沙特阿拉伯排名第 37、巴林排名第 38、阿曼排名第 39。总体而言，这些国家大多数经济发展水平较高，如新加坡、爱沙尼亚、捷克、斯洛文尼亚等都属于发达经济体。

共有 24 个国家排名全球 41~80，占比 44.44%。具体排名为：格鲁吉亚排名第 43、约旦排名第 46、拉脱维亚排名第 47、阿塞拜疆排名第 49、文莱排名第 50、印度尼西亚排名第 51、罗马尼亚排名第 52、黑山排名第 53、保加利亚排名第 57、印度排名第 59、波兰排名第 60、斯洛伐克排名第 61、亚美尼亚排名第 62、匈牙利排名第 63、哈萨克斯坦排名第 64、科威特排名第 65、泰国排名第 67、土耳其排名第 71、俄罗斯排名第 74、塞尔维亚排名第 75、阿尔巴尼亚排名第 76、克罗地亚排名第 77、塔吉克斯坦排名第 78、斯里兰卡排名第 79。可见，在"一带一路"54 个主要国家中，在"制度环境"领域的情况属于中等水平的居多，有超过一半国家的指数排名都属于这个层次；一些经济发展状况较好的国家，如拉脱维亚、罗马尼亚、斯洛伐克等国，"制度环境"的指数水平都仅属于中等。

共有 17 个国家全球排名在 80 之后，属于低指数水平国家，占比 31.48%。具体排名为：摩尔多瓦排名第 81、北马其顿排名第 84、希腊排名第 85、菲律宾排名第 87、越南排名第 89、蒙古国排名第 90、吉尔吉斯斯坦排名第 93、乌克兰排名第 104、尼泊尔排名第 103、巴基斯坦排名第 107、孟加拉国排名第 109、黎巴嫩排名第 113、波黑排名第 114、老挝排

名第 119、伊朗排名第 120、柬埔寨排名第 123、也门排名第 140。

2. 基础设施

在"基础设施"领域，共有 17 个国家的排名在全球前 40，占到了 54 个"一带一路"主要沿线国家的 31.48%。具体排名为：新加坡排名第 1、阿联酋排名第 12、捷克排名第 20、以色列排名第 23、卡塔尔排名第 24、阿曼排名第 28、匈牙利排名第 29、斯洛伐克排名第 30、巴林排名第 31、波兰排名第 32、斯洛文尼亚排名第 33、马来西亚排名第 35、沙特阿拉伯排名第 36、克罗地亚排名第 37、阿塞拜疆排名第 38、立陶宛排名第 39、希腊排名第 40。这表明，在 54 个"一带一路"主要沿线国家中，有 30% 左右的国家的基础设施情况比较良好，便利化水平较高。

共有 23 个国家排名全球 41~80，占到了 54 个"一带一路"沿线国家的 42.59%。具体排名为：拉脱维亚排名第 43、爱沙尼亚排名第 45、塞浦路斯排名第 48、土耳其排名第 49、俄罗斯排名第 50、塞尔维亚排名第 51、罗马尼亚排名第 55、保加利亚排名第 56、文莱排名第 58、乌克兰排名第 59、亚美尼亚排名第 60、斯里兰卡排名第 61、科威特排名第 66、哈萨克斯坦排名第 67、印度排名第 70、泰国排名第 71、格鲁吉亚排名第 73、印度尼西亚排名第 72、约旦排名第 74、北马其顿排名第 75、摩尔多瓦排名第 76、越南排名第 77、伊朗排名第 80。可见，这部分"一带一路"沿线国家的基础设施水平比较一般，未来还有很大的发展需要，也有很大的上升空间。

共有 14 个国家的排名在全球 80 之后，属于基础设施非常差的国家，占到了 54 个"一带一路"沿线国家的 25.93%。具体排名为：黑山排名第 83、波黑排名第 84、黎巴嫩排名第 89、塔吉克斯坦排名第 91、老挝排名第 93、菲律宾排名第 96、阿尔巴尼亚排名第 98、蒙古国排名第 101、吉尔吉斯斯坦排名第 103、巴基斯坦排名第 105、柬埔寨排名第 106、尼泊尔排名第 112、孟加拉国排名第 113、也门排名第 135。

3. 劳动力市场

在"劳动力市场"领域，共有 17 个国家的排名在全球前 40，占到了 54 个"一带一路"主要沿线国家的 31.48%。具体排名为：新加坡排名第 1、以色列排名第 18、爱沙尼亚排名第 19、马来西亚排名第 20、阿塞拜疆排名第 21、立陶宛排名第 24、哈萨克斯坦排名第 25、黑山排名第 26、拉脱维亚排名第 28、文莱排名第 30、巴林排名第 33、阿联酋排名第 34、塞浦路斯排名第 35、亚美尼亚排名第 36、阿尔巴尼亚排名第 38、格鲁吉亚排名第 39、保加利亚排名第 40。

共有 16 个国家排名全球 41~80，占到了 54 个"一带一路"沿线国家的 29.3%。具体排名为：斯洛文尼亚排名第 41、蒙古国排名第 42、菲律宾排名第 43、泰国排名第 46、捷克排名第 48、卡塔尔排名第 51、塞尔维亚排名第 54、摩尔多瓦排名第 56、罗马尼亚排名第 57、乌克兰排名第 61、俄罗斯排名第 62、斯洛伐克排名第 64、柬埔寨排名第 65、波兰排名第 70、塔吉克斯坦排名第 71、匈牙利排名第 80。

共有 21 个国家的排名在全球 80 之后，占比 38.89%。具体排名为：吉尔吉斯斯坦排名第 81、越南排名第 82、北马其顿排名第 83、约旦排名第 84、印度尼西亚排名第 85、老挝排名第 87、沙特阿拉伯排名第 89、克罗地亚排名第 94、阿曼排名第 97、黎巴嫩排名第 100、科威特排名第 101、印度排名第 103、波黑排名第 107、土耳其排名第 109、希腊排名第 111、斯里兰卡排名第 118、巴基斯坦排名第 120、孟加拉国排名第 121、尼泊尔排名第 125、也门排名第 139、伊朗排名第 140。

总体而言，在"劳动力市场"领域，54 个"一带一路"国家的整体便利化水平较低，水平较高的国家占 30% 左右，其余国家的水平都在中低层面。各国的排名与本国的经济发展程度呈负相关关系，很多经济发展较好的国家排名很低，如希腊、科威特、土耳其等国都排到了 100 名以后，斯洛伐克、克罗地亚、阿曼、罗马尼亚、沙特阿拉伯、卡塔尔等经济发展水平较高的国家排名比蒙古国、哈萨克斯坦、菲律宾等经济欠发达国家的排名更靠后。

4. 金融环境

在"金融环境"领域，共有 11 个国家排名全球前 40，占到了 54 个"一带一路"主要沿线国家的 20.37%。具体排名为：新加坡排名第 2、马来西亚排名第 15、泰国排名第 16、卡塔尔排名第 22、以色列排名第 23、阿联酋排名第 31、科威特排名第 34、巴林排名第 37、沙特阿拉伯排名第 38、约旦排名第 39、印度排名第 40。

共有 20 个国家排名全球前 41~80，占到了 54 个"一带一路"主要沿线国家的 37.04%。具体排名为：黑山排名第 44、菲律宾排名第 46、捷克排名第 47、尼泊尔排名第 51、爱沙尼亚排名第 52、波兰排名第 55、斯洛伐克排名第 56、印度尼西亚排名第 57、黎巴嫩排名第 58、阿曼排名第 59、越南排名第 60、斯洛文尼亚排名第 61、克罗地亚排名第 63、匈牙利排名第 66、土耳其排名第 68、亚美尼亚排名第 69、保加利亚排名第 73、立陶宛排名第 75、塞浦路斯排名第 76、波黑排名第 80。

共有 23 个国家排名全球 80 之后，占到了 54 个"一带一路"主要沿线国家的 42.59%。具体排名为：塞尔维亚排名第 83、北马其顿排名第 84、拉脱维亚排名第 85、罗马尼亚排名第 86、斯里兰卡排名第 87、柬埔寨排名第 88、格鲁吉亚排名第 91、俄罗斯排名第 95、阿塞拜疆排名第 96、老挝排名第 97、文莱排名第 98、巴基斯坦排名第 99、阿尔巴尼亚排名第 102、哈萨克斯坦排名第 104、孟加拉国排名第 106、蒙古国排名第 108、吉尔吉斯斯坦排名第 112、希腊排名第 115、塔吉克斯坦排名第 117、伊朗排名第 123、摩尔多瓦排名第 124、乌克兰排名第 136、也门排名第 141。

综合而言，在"金融环境"领域，便利化指数较高的国家数量很少，只占到 54 个"一带一路"沿线国家的 20%，近八成国家的金融环境便利化指数都很一般或很低。这表明，"一带一路"沿线国家的金融便利化水平整体较低，其金融环境还需要进一步提升。该领域的便利化指数排名也出现与本国经济发展水平相反的现象，如菲律宾、尼泊尔等国的指数排名居然超过大多数国家，而罗马尼亚、希腊等国家的排名却非常靠后。

5. 商业活力

在"商业活力"领域，共有 14 个国家排名全球前 40，占到了 54 个"一带一路"主要沿线国家的 25.93%。具体排名为：以色列排名第 4、新加坡排名第 14、马来西亚排名第 18、泰国排名第 21、阿塞拜疆排名第 23、斯洛文尼亚排名第 26、爱沙尼亚排名第 29、印度尼西亚排名第 30、阿联酋排名第 31、捷克排名第 32、哈萨克斯坦排名第 35、塞浦路斯排名第 37、卡塔尔排名第 39、拉脱维亚排名第 40。

共有 23 个国家排名全球前 41~80，占到了 54 个"一带一路"主要沿线国家的 42.59%。具体排名为：菲律宾排名第 44、立陶宛排名第 45、巴林排名第 48、黑山排名第 50、俄罗斯排名第 53、塞尔维亚排名第 54、斯洛伐克排名第 55、巴基斯坦排名第 56、阿曼排名第 57、亚美尼亚排名第 58、格鲁吉亚排名第 59、波兰排名第 60、保加利亚排名第 61、文莱排名第 62、阿尔巴尼亚排名第 63、北马其顿排名第 65、摩尔多瓦排名第 68、印度排名第 69、斯里兰卡排名第 70、罗马尼亚排名第 72、土耳其排名第 75、希腊排名第 76、吉尔吉斯斯坦排名第 79。

共有 17 个国家排名在全球 80 之后，占到了 54 个"一带一路"主要沿线国家的 31.48%。具体排名为：越南排名第 89、匈牙利排名第 83、乌克兰排名第 85、约旦排名第 88、科威特排名第 94、尼泊尔排名第 98、塔吉克斯坦排名第 100、克罗地亚排名第 101、蒙古国排名第 105、沙特阿拉伯排名第 109、黎巴嫩排名第 110、波黑排名第 117、孟加拉国排名第 118、柬埔寨排名第 127、伊朗排名第 132、也门排名第 136、老挝排名第 137。

"商业活力"反映了各国对待设立企业所实施的政策，体现了一国对企业创立的开放程度，对企业创新的支持力度。总体而言，"一带一路"国家在该领域的便利化指数较为平均，水平较高的国家数量占到了四分之一，而便利化指数排名很靠后的国家接近三分之一，说明"一带一路"沿线国家对商业经营主体较为重视；特别是一些经济正在快速发展的新兴经济体，如泰国、印度尼西亚、菲律宾、吉尔吉斯斯坦等国，虽然是发展中国家，但是其便利化指数超过绝大多数"一带一路"沿线国家。而很多经济发展相对较好的国家，如克罗地亚、沙特阿拉伯、罗马尼亚、希腊等，便利化指数却很低，说明本国对商业创新和企业设立的政策鼓励都不太够，体现了其保守的一面。

（二）二级指标水平评估

每个一级指标下面的二级指标指数排名，也是对"一带一路"沿线国家的投资便利化水平评估的重要因素，通过梳理和汇总分析各个沿线国家的数据排名，可以更全面地呈现"一带一路"沿线国家海外投资便利化的各个层面。

"权力制衡"指标主要反映一国在政府公开预算信息、司法系统效率、违法与执法、新闻媒体独立性等领域的整体水平。54 个"一带一路"主要国家在该领域排前 40 名的有 11 个国家，占比 20.37%；排名 41~80 的国家共有 21 个，占比 38.89%；排在 80 名之后的国家有 22 个，占比 40.74%。可见在"权力制衡"领域，"一带一路"沿线国家的得分较低，大多数国家的水平较低。

"安全"指标主要体现一个国家的有组织犯罪给企业带来的经营成本、社会整体治安情况、恐怖袭击的频率和严重程度，以及警察服务的可靠性与执法的效率。54 个"一带一路"主要国家在该领域排前 40 名的有 15 个国家，占比 27.78%；排名 41~80 的国家共有 26 个，占比 48.15%；排在 80 名之后的国家有 13 个，占比 24.07%。在"安全"领域，"一带一路"

主要沿线国家的得分较低，大多数国家的水平较低。这个与"一带一路"区域复杂的民族、宗教、治安、恐怖主义组织等因素是密切相关的，说明该区域的整体安全形势是比较复杂的，还有很多问题需要解决。

"公共部门绩效"指标主要体现一国政府在监管企业设立与运营方面的法规和审查，也反映一国法律体系在解决公司运营与司法系统矛盾方面的效率，同时还参考政府为企业提供的信息化服务水平。54 个"一带一路"主要国家在该领域排前 40 名的有 14 个国家，占比 25.93%；排名 41~80 的国家共有 23 个，占比 42.59%；排在 80 名之后的国家有 17 个，占比 31.48%。可见，大多数"一带一路"沿线国家在政府法规和企业服务方面还有待加强，整体指标水平较低，只有四分之一的国家在该领域有较高的便利化水平。

"公司治理"指标主要反映一国在公司财务报告标准和财务审计制度、关联交易的透明度、股东起诉和追究董事责任的能力、股东在公司重大决策与治理中的权利保障措施等方面情况。54 个"一带一路"主要国家在该领域排前 40 名的有 12 个国家，占比 22.22%；排名 41~80 的国家共有 27 个，占比 50%；排在 80 名之后的国家有 15 个，占比 27.78%。可见，在公司治理法规与制度保障方面，"一带一路"主要沿线国家的整体排名靠后，指标数据水平较高的国家数量较少，处于中间水平或一般水平的国家占了一半，另外还有近三成国家属于水平很低的范围。

"未来政策方向"指标包含的范围较广，具体包括了"政府确保政策稳定性""政府对变革的反应""法律框架对数字商业模式的适应性""政府长期愿景""可再生能源监管""能效监管""生效的相关环境条约"等三级指标，主要反映了一国政府在创造可持续性发展的营商环境所进行的政策、制度设计与努力方向。54 个"一带一路"主要国家在该领域排前 40 名的有 10 个国家，占比 18.52%；排名 41~80 的国家共有 25 个，占比 46.3%；排在 80 名之后的国家有 19 个，占比 35.19%。因此，在这一领域，"一带一路"主要沿线国家的整体水平较低，超过 80% 的国家处于中等或低水平的范围。可见，"一带一路"主要沿线国家在如何促进本国营商环境改善方面未来还有很长的路要走。

"交通基础设施"指标主要涉及对一国的道路连通性、基础设施质量、铁路密度与服务效率、机场连通性与航空服务效率、班轮运输连通性与海港服务效率等领域的评估。交通领域的基础设施状况会对一国的投资便利化水平产生很大影响，也会影响外资运营效果，因此这一指标很重要。54个"一带一路"主要国家在该领域排前40名的有15个国家，占比27.78%；排名41~80的国家共有26个，占比48.15%；排在80名之后的国家有13个，占比24.07%。可见，"一带一路"主要沿线国家的交通基础设施指数水平比较一般，水平较高的国家数量不多，水平居于中等和较低水平的国家占了七成以上。未来，"一带一路"沿线国家的交通基础设施还有很大的发展空间。

"公用事业基础设施"指标主要反映一国在电力覆盖范围、电力输送设施、供水质量与可靠性方面的整体情况。54个"一带一路"主要国家在该领域排前40名的国家有14个，占比25.93%；排名41~80的国家共有25个，占比46.3%；排在80名之后的国家有15个，占比27.78%。综合而言，"一带一路"主要沿线国家在公用基础设施领域的整体情况还有很大的改进空间，一些国家在保障基本用电、安全水源获取程度方面还需要进一步加强，这与一些"一带一路"沿线国家的经济发展状况是密切相关的。

"灵活性"指标主要反映一国在员工聘用成本、雇佣和解雇的法律规则、劳资关系的合作程度、就业推进与培训政策、工人的基本权利、聘用外国人的法律规定等领域的基本情况，这些基本情况会对海外投资企业在用工环境方面产生重要影响。54个"一带一路"主要国家在该领域排前40名的有17个国家，占比31.48%；排名41~80的国家共有21个，占比38.89%；排在80名之后的国家有16个，占比29.63%。可见，在企业雇佣工人的法规与制度环境方面，评估指数高的国家只占到三成多，其他国家的指数得分和排名都属于一般或者较低水平。

"人才与选用"指标主要反映一国在企业人才选拔的标准化和专业化、员工的劳动效率、用工的性别比例、劳动者社会保障等领域的基本情况，这会对海外投资企业的顺利运营产生影响。54个"一带一路"主要国家在该领域排前40名的有12个国家，占比22.22%；排名41~80的国家共有27个，占比50%；排在80名之后的国家有16个，占比29.63%。可见，目前的"一带一路"主要沿线国家在企业人才选拔、员工素质等方面所体现出来的便利化指数水平整体较低，在"一带一路"区域投资的外资企业可能需要更多专业选拔与培训制度的设置与实施。

"深度"指标主要反映一国在私有企业信贷与融资、创新型风险项目股权融资、资本市场、保险法规制度等领域的基本情况，这可能会对海外投资企业在运营过程中能够获得东道国金融政策支持的力度产生影响。54个"一带一路"主要国家在该领域排前40名的有12个国家，占比22.22%；排名41~80的国家共有29个，占比53.7%；排在80名之后的国家有13个，占比24.74%。可见，主要"一带一路"沿线国家在这一领域中的指数得分不高，很多国家在融资、保险等领域的法规制度还有待完善，这与"一带一路"沿线国家的经济发展总体水平有很大关系。

"稳定性"指标主要反映一国在银行系统稳定性、不良贷款、信用缺口、银行监管资本比率等领域的基本情况，反映了银行系统的总体运营状况。54个"一带一路"主要国家在该领域排前40名的有13个国家，占比24.08%；排名41~80的国家共有23个，占比42.59%；排在80名之后的国家有18个，占比33.33%。可见，"一带一路"主要沿线国家的银行系统的整体运营情况还是较差，大量发展中国家的金融体系还不健全，国内银行系统还不是很健全。

"政策要求"指标主要体现一国在企业的设立、审批、破产清算等领域的法律规定与成本费用，反映了一国在企业成立方面的效率与支持力度。54个"一带一路"主要国家在该领域排前40名的有17个国家，占比31.48%；排名41~80的国家共有21个，占比38.89%；排在80名之后的国家有16个，占比29.63%。整体来看，主要"一带一路"沿线国家在这一领域的指数排名较好。这表明很多国家还是很在意改善本国企业的经营环境，特别是在合法经营审批、企业司法重组、清算或强制执行债务等程序方面的高效性，这为海外投资企业的运营提供了有利环境，但总体水平有待完善与提高。

"创业环境"指标主要体现了一国对创业风险的态度、企业管理的自由度、创新企业的成长环境等基本情况，这个指标可能会对很多创新型海外投资企业的顺利成长产生重要影响。54个"一带一路"主要国家在该领域排前40名的有13个国家，占比24.07%；排名41~80的国家共有26个，占比48.15%；排在80名之后的国家有15个，占比27.78%。可见，"一带一路"主要沿线国家的创业环境指数不高，各个国家之间差距较大。特别是很多经济发展落后或者比较传统的国家，对待创新型企业的态度还比较保守。

第三节 "一带一路"沿线国家和地区投资便利化水平的
对比分析

　　"一带一路"的范围较广，国家众多，不同的区域或者不同发展类型的国家的投资便利化情况可能存在差异。我国在不同区域或类型国家的投资发展状况与未来合作也会存在差异，从不同区域或类型国家的角度来呈现便利化指数水平，可以为我国海外投资企业的顺利发展提供参考。

一、不同区域的投资便利化水平对比分析

（一）数据梳理与汇总

　　我国与东盟国家在地缘上属于近邻，在历史发展中保持了紧密的联系。21世纪以来，特别是中国—东盟自由贸易区的设立，推动了双方经济贸易和海外投资的飞速发展。我国与南亚国家之间的经贸和投资额度并不大，但发展潜力巨大，如我国与印度同属新兴经济体和金砖国家，在很多投资领域可以进一步拓展合作；我国与巴基斯坦积极开展经济走廊建设与合作，未来经贸和投资会加速发展。西亚有很多能源，特别是石油资源丰富的国家，我国与西亚国家在经贸和投资领域的很多合作与石油产业有关，随着"一带一路"倡议的推进实施，我国与该区域国家的合作领域在逐渐拓展。蒙古及独联体国家与我国在历史上就有很频繁的经济、文化交往，随着"一带一路"倡议的推进实施，我国与该区域的合作进一步加强，其中能源领域的投资与合作非常紧密。我国与中东欧国家在政治上平等相待、经济上互利互惠、举措上同行同力，逐步形成了全方位、宽领域、多层次的合作格局。随着中欧投资协定谈判的完成，中国与中东欧国家间可选的合作范围将更加广泛，合作的路径也将更加通畅。因此，全面梳理与评估分析"一带一路"沿线不同区域国家投资便利化水平，可以为我国与这些区域国家共同推进海外投资市场的可持续发展提供帮助。

　　本部分通过对"一带一路"各区域范围内国家的指数和排名进行汇总和计算，进行各个领域和层面的比较，直观展示各个区域的投资便利化水平（具体见表3-3）。

表 3-3 各区域投资便利化指数对比①

区域	一级指标	平均得分	平均排名指数	二级指标	平均得分	平均排名指数
东盟	制度环境	56.07	68.11	权力制衡	46.37	82.33
				安全	74.97	66
				公共部门绩效	54.8	63.22
				公司治理	60.67	66.11
				未来政策方向	57.46	60.63
	基础设施	68.53	67.67	交通基础设施	55.58	62.89
				公用事业基础设施	81.53	74.11
	劳动力市场	64.43	50.56	灵活性	60.03	67.67
				人才与选用	68.83	44.67
	金融环境	69.4	53.22	深度	52.96	51.33
				稳定性	89.32	58.56
	商业活力	62.13	60.22	政策要求	67.21	69
				创业环境	57.04	59.36
南亚	制度环境	49.98	91.4	权力制衡	47.42	75.8
				安全	62.92	103
				公共部门绩效	53.1	65.6
				公司治理	61.5	62
				未来政策方向	51.26	83.4
	基础设施	59.16	92.2	交通基础设施	52.28	67.6
				公用事业基础设施	66.06	99.8
	劳动力市场	54.16	117.4	灵活性	52	108.4
				人才与选用	50.88	115.4
	金融环境	58.98	76.6	深度	41.78	69
				稳定性	82.76	101.4
	商业活力	57.78	82.2	政策要求	66.48	83.4
				创业环境	49.12	76.2

———————————

① 本表依据《全球投资报告（2019）》的数据整理计算而成。

表3-3（续）

区域	一级指标	平均得分	平均排名指数	二级指标	平均得分	平均排名指数
西亚	制度环境	56.81	60.11	权力制衡	46.98	75.85
				安全	79.92	46.50
				公共部门绩效	56.57	54.13
				公司治理	58.51	78.13
				未来政策方向	55.47	68.13
	基础设施	72.01	53.06	交通基础设施	58.08	52.43
				公用事业基础设施	85.91	58.60
	劳动力市场	57.40	79.66	灵活性	56.83	72.21
				人才与选用	57.99	86.13
	金融环境	64.83	58.38	深度	50.44	52.45
				稳定性	84.83	75.41
	商业活力	59.05	73.86	政策要求	63.27	89.12
				创业环境	92.78	41.22
蒙古及独联体	制度环境	53.37	73.8	权力制衡	49.04	73.6
				安全	75.63	68.9
				公共部门绩效	53.83	60.9
				公司治理	59.18	69.9
				未来政策方向	48.56	93.6
	基础设施	66.6	71.8	交通基础设施	48.17	78.3
				公用事业基础设施	85.03	68.2
	劳动力市场	63.54	49.4	灵活性	61.3	48.3
				人才与选用	65.8	53.8
	金融环境	51.9	105.2	深度	29.1	99.4
				稳定性	80.41	103.8
	商业活力	60.37	66.5	政策要求	72.27	65.2
				创业环境	49.74	76.7

表3-3(续)

区域	一级指标	平均得分	平均排名指数	二级指标	平均得分	平均排名指数
中东欧	制度环境	56.44	60.0	权力制衡	49.09	72.12
				安全	78.95	55.35
				公共部门绩效	48.66	79.65
				公司治理	62.09	59.77
				未来政策方向	56.67	63.48
	基础设施	73.84	49.83	交通基础设施	55.49	59.83
				公用事业基础设施	92.16	42.0
	劳动力市场	60.06	57.82	灵活性	59.48	60.16
				人才与选用	64.63	60.64
	金融环境	60.2	72.12	深度	38.71	71.36
				稳定性	87.04	65.77
	商业活力	62.31	60.03	政策要求	77.03	48.77
				创业环境	47.59	86.47

（二）各区域投资便利化水平对比分析

1. 各区域整体投资便利化水平对比分析

为了体现各个区域的整体便利化水平，本书将各个指标的平均得分相加，得分高意味着该区域国家的整体水平较高；同时将各指标的平均排名相加，得分指数越高，意味着整体排名越靠后，投资便利化水平越低。

由表3-3比较分析可知，东盟国家的各项一级指标平均得分为320.56，综合平均排名指数为299.78；南亚国家的各项一级指标平均得分为280.06，综合平均排名指数为459.8；西亚国家的各项一级指标平均得分为310.1，综合平均排名指数为325.07；蒙古及独联体国家的各项一级指标平均得分为295.78，综合平均排名指数为366.7；中东欧国家的各项一级指标平均得分为312.85，综合平均排名指数为300.3。从五个"一带一路"沿线不同区域的得分情况来看，东盟区域国家的投资便利化指数排名第一，中东欧区域国家排名第二，西亚区域国家排名第三，蒙古及独联体国家排名第四，南亚国家排名第五；从综合排名指数来看，分数越高，意味着排名越靠后，排名指数的结果与得分情况是基本吻合的。其中，东盟和中东欧国家的整体水平比较接近，而南亚区域国家的水平与其他区域差距较大，特别是从排名指数可以看出，南亚区域的投资便利化水平比较低。

2. 各区域一级指标水平对比分析

在"制度环境"方面，中东欧国家排名第一，平均得分为 56.44，平均排名指数为 60.0；西亚国家排名第二，平均得分为 56.81，平均排名指数为 60.11；东盟国家排名第三，平均得分为 56.07，平均排名指数为 68.11；蒙古及独联体国家排名第四，平均得分为 53.37，平均排名指数为 73.8；南亚国家排名第五，平均得分为 49.98，平均排名指数为 91.4。可见，中东欧、西亚、东盟这三个区域国家的整体水平比较接近，差距很小。

在"基础设施"方面，中东欧国家排名第一，平均得分为 73.84，平均排名指数为 49.83；西亚国家排名第二，平均得分为 72.01，平均排名指数为 53.06；东盟国家排名第三，平均得分为 68.53，平均排名指数为 67.67；蒙古及独联体国家排名第四，平均得分为 66.6，平均排名指数为 71.8；南亚国家排名第五，平均得分为 59.16，平均排名指数为 92.2。可见，中东欧和西亚区域国家的基础设施较好，其他区域国家的水平与之相比有一定的差距，特别是南亚区域国家的基础设施水平很低。

在"劳动力市场"方面，东盟国家排名第一，平均得分为 64.43，平均排名指数为 50.56；蒙古及独联体国家排名第二，平均得分为 63.54，平均排名指数为 49.4；中东欧国家排名第三，平均得分为 60.6，平均排名指数为 57.82；西亚国家排名第四，平均得分为 57.4，平均排名指数为 79.66；南亚国家排名第五，平均得分为 54.16，平均排名指数为 117.4。因此，除了南亚区域国家以外，经济发展水平更好的中东欧和西亚区域国家，其劳动力市场的便利化水平还不如东盟、蒙古及独联体国家。

在"金融环境"方面，东盟国家排名第一，平均得分为 69.4，平均排名指数为 53.22；西亚国家排名第二，平均得分为 64.83，平均排名指数为 58.38；中东欧国家排名第三，平均得分为 60.2，平均排名指数为 72.12；南亚国家排名第四，平均得分为 58.98，平均排名指数为 76.6；蒙古及独联体国家排名第五，平均得分为 51.9，平均排名指数为 105.2。可见，在金融环境领域的投资便利化水平上，各区域国家的差距较为明显，蒙古及独联体国家的平均指数很低，排名很靠后。

在"商业活力"方面，中东欧国家排名第一，平均得分为 62.31，平均排名指数为 60.03；东盟国家排名第二，平均得分为 62.13，平均排名指数为 60.22；西亚国家排名第三，平均得分为 59.05，平均排名指数为 73.86；蒙古及独联体国家排名第四，平均得分为 59.02，平均排名指数为 74；南亚国家排名第五，平均得分为 57.78，平均排名指数为 82.2。可见，在商业制度和创新接受度方面，经济发展较好和有活力的区域，其便利化指数水平越高。

3. 各区域二级指标水平对比分析

在"权力制衡"方面，中东欧国家排名第一，平均得分为 49.09，平均排名指数为 72.12；蒙古及独联体国家排名第二，平均得分为 49.04，平均排名指数为 73.6；南亚国家排名第三，平均得分为 47.42，平均排名指数为 75.8；西亚国家排名第四，平均得分为 46.98，平均排名指数为 75.85；东盟国家排名第五，平均得分为 46.37，平均排名指数为 82.33。

在"安全"方面，西亚国家排名第一，平均得分为 79.92，平均排名指数为 46.5；中东欧国家排名第二，平均得分为 78.95，平均排名指数为 55.35；蒙古及独联体国家排名第三，平均得分为 75.63，平均排名指数为 68.9；东盟国家排名第四，平均得分为 74.97，平均排名指数为 66；南亚国家排名第五，平均得分为 62.92，平均排名指数为 103。

在"公共部门绩效"方面，西亚国家排名第一，平均得分为 56.57，平均排名指数为 54.13；东盟国家排名第二，平均得分为 54.8，平均排名指数为 63.22；蒙古及独联体国家排名第三，平均得分为 53.83，平均排名指数为 60.9；南亚国家排名第四，平均得分为 53.1，平均排名指数为 65.6；中东欧国家排名第五，平均得分为 48.66，平均排名指数为 79.65。

在"公司治理"方面，中东欧国家排名第一，平均得分为 62.09，平均排名指数为 59.77；南亚国家排名第二，平均得分为 61.5，平均排名指数为 62；东盟国家排名第三，平均得分为 60.67，平均排名指数为 66.11；蒙古及独联体国家排名第四，平均得分为 59.18，平均排名指数为 69.9；西亚国家排名第五，平均得分为 58.51，平均排名指数为 78.13。

在"未来政策方向"方面，东盟国家排名第一，平均得分为 57.46，平均排名指数为 60.63；中东欧国家排名第二，平均得分为 56.67，平均排名指数为 63.48；西亚国家排名第三，平均得分为 55.47，平均排名指数为 68.13；南亚国家排名第四，平均得分为 51.26，平均排名指数为 83.4；蒙古及独联体国家排名第五，平均得分为 48.56，平均排名指数为 93.6。

在"交通基础设施"方面，西亚国家排名第一，平均得分 58.08，平均排名指数为 52.43；东盟国家排名第二，平均得分为 55.58，平均排名指数为 62.89；中东欧国家排名第三，平均得分为 55.49，平均排名指数为 59.83；南亚国家排名第四，平均得分为 52.28，平均排名指数为 67.6；蒙古及独联体国家排名第五，平均得分为 48.17，平均排名指数为 78.3。

在"公用事业基础设施"方面，中东欧国家排名第一，平均得分为 92.16，平均排名指数为 42.0；西亚国家排名第二，平均得分为 85.91，平均排名指数为 58.6；蒙古及独联体国家排名第三，平均得分为 85.03，平均排名指数为 68.2；东盟国家排名第四，平均得分为 81.53，平均排名指数为 74.11；南亚国家排名第五，平均得分为 66.06，平均排名指数为 99.8。

在"灵活性"方面，蒙古及独联体国家排名第一，平均得分为 61.3，平均排名指数为 48.3；中东欧国家排名第二，平均得分为 59.48，平均排名指数为 60.16；东盟国家排名第三，平均得分为 60.03，平均排名指数为 67.67；西亚国家排名第四，平均得分为 56.83，平均排名指数为 72.21；南亚国家排名第五，平均得分为 52，平均排名指数为 108.4。

在"人才与选用"方面，东盟国家排名第一，平均得分为 68.83，平均排名指数为 44.67；蒙古及独联体国家排名第二，平均得分为 65.8，平均排名指数为 53.8；中东欧国家排名第三，平均得分为 64.63，平均排名指数为 60.64；西亚国家排名第四，平均得分为 57.99，平均排名指数为 86.13；南亚国家排名第五，平均得分为 50.88，平均排名指数为 115.4。

在"深度"方面，东盟国家排名第一，平均得分为 52.96，平均排名指数为 51.33；西亚国家排名第二，平均得分为 50.44，平均排名指数为 52.45；南亚国家排名第三，平均得分为 41.78，平均排名指数为 69；中东欧国家排名第四，平均得分为 38.71，平均排名指数为 71.36；蒙古及独联体国家排名第五，平均得分为 29.1，平均排名指数为 99.4。

在"稳定性"方面，东盟国家排名第一，平均得分为 89.32，平均排名指数为 58.56；中东欧国家排名第二，平均得分为 87.04，平均排名指数为 65.77；西亚国家排名第三，平均得分为 84.83，平均排名指数为 75.41；南亚国家排名第四，平均得分为 82.76，平均排名指数为 101.4；蒙古及独联体国家排名第五，平均得分为 80.41，平均排名指数为 103.8。

在"政策要求"方面，中东欧国家排名第一，平均得分为 77.03，平均排名指数为 48.77；蒙古及独联体国家排名第二，平均得分为 72.27，平均排名指数为 65.2；东盟国家排名第三，平均得分为 67.21，平均排名指数为 69；南亚国家排名第四，平均得分为 66.48，平均排名指数为 83.4；西亚国家排名第五，平均得分为 63.27，平均排名指数为 89.12。

在"创业环境"方面，西亚国家排名第一，平均得分为 92.78，平均排名指数为 41.22；东盟国家排名第二，平均得分为 57.04，平均排名指数为 59.36；蒙古及独联体国家排名第三，平均得分为 49.74，平均排名指数为 76.2；南亚国家排名第四，平均得分为 49.12，平均排名指数为 76.7；中东欧国家排名第五，平均得分为 47.59，平均排名指数为 86.47。

三、不同发展水平国家的海外投资便利化水平对比分析

这一部分依据经济社会发展的整体水平，将 54 个"一带一路"沿线国家分成发达国家、发展中国家和最不发达国家，汇总、计算各类发展水平国家在投资便利化领域的情况（见表 3-4）。

（一）数据梳理与汇总

依据联合国对各国发展水平的归类名单，在 54 个"一带一路"国家中，发达国家有 8 个：新加坡、以色列、塞浦路斯、希腊、斯洛文尼亚、捷克、斯洛伐克、波兰；最不发达国家有 4 个：老挝、柬埔寨、尼泊尔、也门；发展中国家有 42 个：马来西亚、印度尼西亚、泰国、越南、文莱、菲律宾、印度、巴基斯坦、孟加拉国、斯里兰卡、伊朗、土耳其、黎巴嫩、约旦、沙特阿拉伯、阿曼、阿联酋、卡塔尔、科威特、巴林、蒙古国、哈萨克斯坦、吉尔吉斯斯坦、塔吉克斯坦、俄罗斯、乌克兰、格鲁吉亚、阿塞拜疆、亚美尼亚、摩尔多瓦、立陶宛、爱沙尼亚、拉脱维亚、匈牙利、克罗地亚、波黑、黑山、塞尔维亚、阿尔巴尼亚、罗马尼亚、保加利亚和北马其顿。

表 3-4 "一带一路"不同发展水平国家投资便利化指数对比①

类别	一级指标	平均得分	平均排名指数	二级指标	平均得分	平均排名指数
发达国家	制度环境	62.19	40.88	权力制衡	54.59	52.75
				安全	83.28	39.5
				公共部门绩效	54.35	69
				公司治理	66.89	43.25
				未来政策方向	58.94	55.13
	基础设施	81.59	27.63	交通基础设施	66.4	32.75
				公用事业基础设施	96.76	21.5
	劳动力市场	64.94	48.5	灵活性	60.18	60.88
				人才与选用	69.71	44.62
	金融环境	67.38	54.38	深度	52.48	46.88
				稳定性	85.96	53.13
	商业活力	67.98	38	政策要求	82.21	32.88
				创业环境	53.75	64.38
发展中国家	制度环境	55.44	66.5	权力制衡	47.96	75.59
				安全	76.21	62.95
				公共部门绩效	54.25	69.5
				公司治理	60.66	67.19
				未来政策方向	55.19	69.79
	基础设施	69.44	63.33	交通基础设施	53.75	64.57
				公用事业基础设施	85.12	64.5
	劳动力市场	60.66	65.36	灵活性	59.17	62.71
				人才与选用	62.15	69.4
	金融环境	60.98	73.26	深度	41.48	70.45
				稳定性	85.49	78.76
	商业活力	60.91	66.79	政策要求	70.47	69.69
				创业环境	63.56	67.57

---

① 本表依据《全球投资报告（2019）》的数据整理计算而成。

表3-4(续)

类别	一级指标	平均得分	平均排名指数	二级指标	平均得分	平均排名指数
最不发达国家	制度环境	40.4	121.25	权力制衡	34.73	117.5
				安全	65	95.25
				公共部门绩效	36.25	114
				公司治理	44.68	116.75
				未来政策方向	38.83	119.75
	基础设施	49.95	111.5	交通基础设施	38.08	103.5
				公用事业基础设施	61.83	111.75
	劳动力市场	51.83	104	灵活性	49.63	115.75
				人才与选用	54.03	98.75
	金融环境	51.83	94.25	深度	32.48	90
				稳定性	79.13	106.5
	商业活力	44.15	124.5	政策要求	43.15	123.25
				创业环境	45.1	98

(二)各类别国家投资便利化水平对比分析

1. 整体对比分析

从表3-4的对比数据可知，发达国家的各项一级指标平均得分为344.08，综合平均排名指数为209.39；发展中国家的各项一级指标平均得分为307.43，综合平均排名指数为335.24；最不发达国家的各项一级指标平均得分为238.16，综合平均排名指数为555.5。整体来看，综合数据指标发达国家排第一，发展中国家排第二，最不发达国家排第三。因此，54个"一带一路"主要国家的整体投资便利化水平与其整体发展水平是成正比的，国家整体发展水平越高，其投资便利化水平越高。

2. 各类国家一级指标水平对比分析

在"制度环境"方面，发达国家排名第一，平均得分为62.19，平均排名指数为40.88；发展中国家排名第二，平均得分为55.44，平均排名指数为66.5；最不发达国家排名第三，平均得分为40.4，平均排名指数为121.25。

在"基础设施"方面，发达国家排名第一，平均得分为81.59，平均排名指数为 27.63；发展中国家排名第二，平均得分为 69.44，平均排名指数为 63.33；最不发达国家排名第三，平均得分为 49.95，平均排名指数为 111.5。

在"劳动力市场"方面，发达国家排名第一，平均得分为 64.94，平均排名指数为 48.5；发展中国家排名第二，平均得分为 60.66，平均排名指数为 65.36；最不发达国家排名第三，平均得分为 51.83，平均排名指数为 104。

在"金融环境"方面，发达国家排名第一，平均得分为 67.38，平均排名指数为 54.38；发展中国家排名第二，平均得分为 60.98，平均排名指数为 73.26；最不发达国家排名第三，平均得分为 51.83，平均排名指数为 94.25。

在"商业活力"方面，发达国家排名第一，平均得分为 67.98，平均排名指数为 38；发展中国家排名第二，平均得分为 60.91，平均排名指数为 66.79；最不发达国家排名第三，平均得分为 44.15，平均排名指数为 124.5。

从以上各一级指标的对比结果来看，无一例外的是，发达国家在各个指标数据中都排名第一，发展中国家排名第二，最不发达国家排名最后。发展中国家与发达国家在"商业活力""金融环境""劳动力市场""制度环境"方面的差距不太大，相对而言，最不发达国家在每一个方面与发达国家、发展中国家的数据差距都比较大。

3. 各类别国家二级指标水平对比分析

在"权力制衡"方面，发达国家排名第一，平均得分为 54.59，平均排名指数为 52.75；发展中国家排名第二，平均得分为 47.96，平均排名指数为 75.59；最不发达国家排名第三，平均得分为 34.73，平均排名指数为 117.5。

在"安全"方面，发达国家排名第一，平均得分为 83.28，平均排名指数为 39.5；发展中国家排名第二，平均得分为 76.21，平均排名指数为 62.95；最不发达国家排名第三，平均得分为 65，平均排名指数为 95.25。

在"公共部门绩效"方面，发达国家排名第一，平均得分为 54.35，平均排名指数为 69；发展中国家排名第二，平均得分为 54.25，平均排名指数为 69.5；最不发达国家排名第三，平均得分为 36.25，平均排名指数为 114。

在"公司治理"方面，发达国家排名第一，平均得分为 66.89，平均排名指数为 43.25；发展中国家排名第二，平均得分为 60.66，平均排名指数为 67.19；最不发达国家排名第三，平均得分为 44.68，平均排名指数为 116.75。

在"未来政策方向"方面，发达国家排名第一，平均得分为 58.94，平均排名指数为 55.13；发展中国家排名第二，平均得分为 55.19，平均排名指数为 69.79；最不发达国家排名第三，平均得分为 38.83，平均排名指数为 119.75。

在"交通基础设施"方面，发达国家排名第一，平均得分为 66.4，平均排名指数为 32.75；发展中国家排名第二，平均得分为 53.75，平均排名指数为 64.57；最不发达国家排名第三，平均得分为 38.08，平均排名指数为 103.5。

在"公用事业基础设施"方面，发达国家排名第一，平均得分为 96.76，平均排名指数为 21.5；发展中国家排名第二，平均得分为 85.12，平均排名指数为 64.5；最不发达国家排名第三，平均得分为 61.83，平均排名指数为 111.75。

在"灵活性"方面，发达国家排名第一，平均得分为 60.18，平均排名指数为 60.88；发展中国家排名第二，平均得分为 59.17，平均排名指数为 62.71；最不发达国家排名第三，平均得分为 49.63，平均排名指数为 115.75。

在"人才与选用"方面，发达国家排名第一，平均得分为 69.71，平均排名指数为 44.62；发展中国家排名第二，平均得分为 62.15，平均排名指数为 69.4；最不发达国家排名第三，平均得分为 54.03，平均排名指数为 98.75。

在"深度"方面，发达国家排名第一，平均得分为 52.48，平均排名指数为 46.88；发展中国家排名第二，平均得分为 41.48，平均排名指数为 70.45；最不发达国家排名第三，平均得分为 32.48，平均排名指数为 90。

在"稳定性"方面，发达国家排名第一，平均得分为 85.96，平均排名指数为 53.13；发展中国家排名第二，平均得分为 85.49，平均排名指数为 78.76；最不发达国家排名第三，平均得分为 79.13，平均排名指数为 106.5。

在"政策要求"方面，发达国家排名第一，平均得分为 82.21，平均排名指数为 32.88；发展中国家排名第二，平均得分为 70.47，平均排名指数为 69.69；最不发达国家排名第三，平均得分为 43.15，平均排名指数为 123.25。

在"创业环境"方面，发展中国家排名第一，平均得分为 63.56，平均排名指数为 67.57；发达国家排名第二，平均得分为 53.75，平均排名指数为 64.38；最不发达国家排名第三，平均得分为 45.1，平均排名指数为 98。

由以上 13 个二级指标的对比结果可知，发达国家有 11 个指标水平排名第一，其余 2 个指标水平排名第二，发展中国家有 2 个指标水平排名第一，其余 11 个指标水平排名第二，最不发达国家毫无例外地均排名最后。

第四章 "一带一路"倡议下
我国促进海外投资便利化的
法规应对

　　海外投资便利化涵盖了广泛的领域，所有领域的海外投资最终目标都是让投资有效流动并获得最大利益。国际上对海外投资便利化的讨论非常活跃，一些国际组织和国家对海外投资便利化的法律应对问题进行了分析。当前，随着"一带一路"倡议的不断推进与实施，我国国内法律制度在促进海外投资便利化过程中起到了很好的、积极的作用。但也应当看到，现有国内法规还存在一些不完善或需要改进的地方，如何充分发挥国内法规在促进海外投资便利化领域的关键作用，是学界和实务界需要积极探讨的问题。目前，在多边投资协议发展不明的情况下，我国应注重在双边投资协议中发挥自己的作用，积极主动研究，提出相关完善建议，以期更好地为我国海外投资便利化发展提供有力支撑。

第一节　促进海外投资便利化规则的国际探索

　　对于如何促进海外投资便利化的发展，一些国际组织通过各种论坛的形式进行了讨论，主要包括 WTO、二十国集团（G20）、联合国贸易和发展会议（UNCTAD）和世界银行等组织。在区域层面上，虽然一些国家集团制定了投资便利化行动计划，但最后选择通过双边投资条约来解决这一问题。

　　在海外投资便利化的相关法律制度建设方面，国际社会一直在进行积极的探索，其最终的目标都是推进资本在国际市场更加顺畅和有效地流动，从而获得最大利益。海外投资获得透明度、简单性和可预测性是其中最重要的原则，为投资者寻求稳定的投资环境提供支持。同时，完善的海外投资便利化策略可以确保所有投资申请都得到迅速、公平和公正的处理。海外投资便利化还需要创造和维护透明和健全的行政程序，包括有效遏制腐败行为。此外，海外投资便利化还包括提供优质的基础设施、高标准的商业服务、有技能的高素质劳动力等，这些领域都是国际社会讨论的热点。

一、WTO 对促进海外投资便利化规则的讨论

一直以来，发达国家试图将投资议题纳入多边贸易体制，以推动多边投资规则的向前发展。最早提出将投资议题纳入多边贸易体系的是美国，在 1982 年的关税与贸易总协定（general agreement on tariffs and trade，GATT）部长级会议上，美国提出应当将投资议题纳入其中，但是因欧共体成员及广大发展中国家的反对，提议未被采纳。但在 1986 年 9 月的"乌拉圭回合"谈判中，美国等发达国家极力推动，最终促成了《与贸易有关的投资措施协议》（agreement on trade-related investment measures，TRIMs）的出现。在 1996 年的 WTO 新加坡部长级会议上，各成员讨论了投资、竞争政策、政府采购透明度及贸易便利化等议题，提出应当研究贸易与投资的关系，并成立了"贸易与投资关系工作组"，开展专题研究。由此，WTO 体系正式对贸易与投资的关系问题进行深入讨论，进一步促进了多边投资协定（multilateral agreement on investment，MAI）议题的发展。在1999 年的 WTO 西雅图部长级会议中，日本和欧共体成员大力推动 MAI 议题，并试图启动该议题的谈判，但是遭到了广大发展中国家和部分非政府组织的反对，最终也不了了之。2001 年的 WTO 多哈部长级会议也没有通过有关启动 MAI 议题谈判的决议，仅仅是对 2003 年的坎昆部长级会议对MAI 议题进行计划与安排。而在 2003 年的坎昆部长级会议上，大部分发展中国家表示对 MAI 议题还未做好充分准备，因此该次会议也未获得任何的进展。其主要原因是发达国家与发展中国家在农业领域矛盾尖锐，导致几次部长级会议对 MAI 议题的推动都毫无进展。到 2005 年的 WTO 香港部长级会议，MAI 议题还是未取得任何进展。

关于海外投资便利化问题的讨论，也引起了 WTO 成员的高度关注。

经过十多年的谈判，于 2013 年缔结《贸易便利化协定》(trade facilitation alliance，TFA)，并于 2017 年 1 月 1 日生效。这是海外投资便利化法律保障规则发展的一个成功范例。2017 年 4 月，"投资促进发展之友"①(friends of investment for development，FIFD) 成立，提议就海外投资便利化问题在 WTO 体制内进行非正式的发展对话，对所有 WTO 成员开放。对话的目的是讨论全球经济贸易和投资之间日益密切的联系，以审查 WTO 成员目前正在努力促进投资的相关法律制度，并试图探索 WTO 是否帮助或者如何帮助成员在现有基础上更好地推进本国的投资便利化法律制度的完善。该组织的支持者认为，这样的协议或讨论可以促进全球投资与贸易快速发展，并可以加强两者的联系。这样的机制主要有三个目标：一是为海外投资便利化创造一个更高效、可预测和"投资友好型"的商业环境，可以让投资者更容易开展他们的日常业务、开拓新业务，并扩大他们的投资。二是鼓励东道国政府和投资者之间以及投资母国和东道国之间开展更多的国际合作以促进投资的发展。三是推动发展和最不发达国家积极地参与全球投资流动，从而促进本国的经济发展，提高全球化水平。UNCTAD 为了实现 2030 年可持续发展目标，将会向发展中经济体投资近万亿美元。与外国直接投资相比，这是发展中经济体获得的最大和最稳定的外部资金。然而，也有很多其他成员反对在 WTO 讨论海外投资便利化问题，认为这个议题不是当前谈判任务的一部分。也有的成员认为发展中国家和最不发达国家实际从投资便利协议中的受益程度还值得探讨，可能会带来负面的影响②。

在 2017 年布宜诺斯艾利斯部长级会议期间，有 69 个成员发表联合声明，呼吁"旨在制定投资便利化多边框架结构化的讨论"。自 2017 年 3 月以来，已有五项提案由成员提交给 WTO。正在进行的海外投资便利化谈判涵盖多个核心领域，但是大多是基于狭隘的、单独的投资便利化条款，涉及的关键领域主要有四个：一是提高监管透明度和可预测性；二是简化和加快行政程序；三是加强国际合作并满足发展中成员的需求；四是其他与投资便利化相关的问题。当然，这些内容为海外投资便利化的法律制度关

---

① 成员数量较少，包括 14 个发展中国家和最不发达国家成员。

② GEORGE A, BERMANN N, JANSEN CALAMITA, et al. Sauvant, insulating a WTO investment facilitation framework from ISDS [J]. Columbia Enter on Sustainable Investment FDI Perspectives, 2020 (286)：1-13.

注的焦点提供了参考或借鉴，有利于通过更多的方法来具体分析和评估，以更好地构建海外投资便利化法律制度的具体规则。

二、G20 对促进海外投资便利化规则的讨论

海外投资便利化问题在国际框架范围内得到越来越多的支持，G20 也试图通过便利化来促进海外投资的可持续发展。为此，G20 从总体角度提出了以下指导原则：①定位投资便利化；②促进可持续外国直接投资；③在整个投资周期中整合便利化；④参与多方利益相关者的协商；⑤确保分担责任；⑥鼓励合作活动；⑦采用整体政府方法；⑧在多边框架内关注国家努力；⑨支持能力建设和灵活性。

为了更好地阐释海外投资便利化与可持续发展的关系，G20 提出应通过不具约束力的投资指导原则来实现可持续发展目标。具体而言，投资指导原则包含以下几个方面：①利用投资促进包容性经济增长和可持续发展；②确保投资政策和措施透明、高效，同时保留政策空间和监管主权；③支持国家层面在吸引和利用海外投资促进可持续发展方面的努力①。对此，G20 为投资便利化提供指导的非约束性原则可以从以下几个方面入手：

一是投资便利化应关注实际问题，支持海外资本流动的技术措施。这样就有利于使海外投资企业将关注点集中在自己感兴趣的领域，同时得到政府的支持，以提高投资措施的透明度、可预测性和简化程序，加强海外投资参与各方之间的协调与合作。努力做到不让各方在市场准入、投资争端解决等方面出现巨大分歧，特别是不应该以限制政策的方式来设想投资便利化，而应该使各国政府的投资政策保留相当大的灵活性。

二是促进可持续的外国直接投资（foreign direct investment，FDI）。当政府为投资提供便利时，他们寻求外国投资不是为了自己，而是为了整体利益。因此，经济体不仅要增加 FDI 的数量，还要提高其质量，如对可持续发展的贡献。也就是说，可持续的外国直接投资促进可持续发展。因此，任何有关投资便利化的国际框架不仅应促进一般的 FDI，而且尤其应促进可持续的 FDI。可持续的 FDI 既具有商业可行性，又会对经济、社会和环境发展做出巨大贡献。为此，海外投资便利化还应考虑对相关领域治理机制的研究，如环境影响、利益相关者协商和风险管理机制等。为了促进可

---

① NOVIK ANA, ALEXANDRE CROMBRUGGHE. Towards an international framework for investment Facilitation [Z]. OECD Investment Insights, 2018.

持续的 FDI，政府、公司和其他主要参与者还可以使用 FDI "可持续性特征"的指示性清单①。

三是关注可持续的 FDI 的投资周期问题。可持续的 FDI 的投资周期的阶段主要包括：①制定 FDI 的愿景或战略；②吸引 FDI；③FDI 的进入和建立；④保留 FDI，包括预防争端；⑤促进各 FDI 和国内企业之间的联系，增加 FDI 的收益。最为重要的是，投资便利化可以在这个投资周期的每个阶段发挥作用，并且应该被整合起来。到目前为止，关于投资便利化的讨论重点在第三阶段，即东道国有关外商投资准入和设立的政策和程序，对设立后及以后阶段便利化的重要性关注较少②。

四是支持海外投资便利化能力建设与灵活性的结合。当前世界各国的经济发展水平差异较大，应当通过灵活协商的方式来实施海外投资便利化方面的具体措施。要使海外投资便利化框架取得成功，必须积极鼓励不同发展水平的经济体的共同参与，从整体上支持便利化能力建设，其关键是将灵活性与便利化能力建设相结合。发展中国家和最不发达国家可以灵活处理相关问题，比如：①可以决定需要多长时间来履行承诺；②做出承诺可以视技术援助而定；③从时间期限中灵活处理承诺或宽限期；④设立专家组，就承诺的实施或管理提供建议。

三、UNCTAD 对促进海外投资便利化规则的讨论

作为联合国下设的专门机构，UNCTAD 在国际经济与贸易的发展方面做出了巨大的贡献，包括对海外投资规则的研究与设想。UNCTAD 对贸易、金融、技术、投资及可持续发展等问题进行了探讨，并在能力建设、政策分析、技术援助等方面形成了系列共识。在 1996 年召开的米德兰会议上，UNCTAD 决定专门对海外投资问题进行研究，试图建立一个多边投资法律框架，以期能够帮助发展中国家在国际直接投资的讨论和谈判中获得更高的地位。在 2005 年，UNCTAD 在长期研究的基础上，发布了新的国际投资政策研究报告，包含了区域投资一体化和 BITs 的相关意见。UNCTAD 成立的投资与企业司专门负责国际投资领域的研究与政策分析。投资与企

---

① SAUVANT KARL P. We need an international support programme for sustainable investment facilitation [J]. Columbia FDI Perspectives, 2015 (6): 151.

② ALLEE TODD, CLINT PEINHARDT. Contingent credibility: the impact of investment treaty violations on foreign direct investment [M]. England: Cambridge University Press, 2011: 402-404.

业司通过大量的实证分析，发布了很多极具价值的研究报告，为各国在国际投资领域的规则制定和投资实践提供了重要参考。而在具体的海外投资便利化问题方面，投资与企业司也提出了自己的意见，主要包括以下几个方面的内容：

一是鼓励利益相关方积极参与磋商。从某种意义上来讲，只有海外投资利益相关者都积极参与，并对海外便利化的整个周期的发展产生至关重要的作用，才可以实现真正的便利化。利益相关者主要包括投资者及其代表、商业协会、政府的投资促进机构、其他利益相关者和社会组织，他们的参与都有助于海外投资便利化措施的制定、运行，以促进相关投资问题的解决。虽然投资者、商业协会和投资促进机构可能是其中最重要的组成部分，但是在具体协商过程中，其他利益相关者也要参与，以确保所有相关方的意见都得到表达①。

二是确保共同承担责任。在利益相关者促进海外投资便利化工作的同时，他们还承担着落实这一工作的共同责任。目前，海外投资协议规定东道国政府可以在管理外国直接投资方面发挥主导作用。然而，投资母国政府和企业都越来越多地采取措施来实施对外直接投资决策。在现实中，一方面，投资母国政府已经通过本国的国内法规来指导本国公司进行对外直接投资，如出台或完善本国的海外投资审核制度、保险制度、金融机制等，对本国企业的海外投资进行指导，发布投资指南；另一方面，海外投资企业也依据自己的企业社会责任准则，实施负责任的投资。因此，投资母国政府和海外投资企业在促进可持续外国直接投资方面发挥着越来越积极的作用。

三是在多边框架内继续努力。要在更广阔范围内制定和实施海外投资便利化措施，得到各国政府的强烈认同是至关重要的。海外投资便利化首先是由各国政府的一级机构来推进工作，这些机构负责制定和实施投资法规，是对海外投资便利化产生最大影响的主体。同时，通过双边或多边路径推进的海外投资便利化，可以很好地巩固和支持各国政府的具体政策法规，尤其是多边路径，更有可能产生包容性，从而反映各阶段经济体的利

---

① SAUVANT KARL P, PERSEPHONE ECONOMOU, KSENIA GAL, et al. Trends in FDI, home country measures and competitive neutrality [M]. New York: Oxford University Press, 2014: 45-51.

益和需求，因此更合法、更稳定、更有影响力①。此外，也有学者建议采用贸易体系中的最惠国待遇原则（MFN），通过这一原则，让很多没有正式参与多边规则的经济体也有机会享受投资便利化框架的利益，从而引导更多经济体参与海外投资便利化措施的建设，刺激更多的经济体应用海外投资便利化的相关机制，从而实现推动全球海外投资市场的持续发展②。

第二节　投资母国视角下我国海外投资便利化法规的完善

在目前的全球投资市场，每个国家都会不同程度地对本国海外投资进行一定程度的审查。海外投资能否顺利进行，将会对投资母国的经济发展、文化交流、社会稳定等产生重要影响。在推动共建"一带一路"高质量发展的背景下，我国在相关领域的国内法规将会对海外投资的顺利进行提供相应保障。为了更好、更顺利地实施海外投资，提升海外投资效率，在更大范围内实现资源的优化配置，我们必须对目前国内相关法律制度进行梳理，并提出相关的完善建议，以更好地引导我国海外投资向合理化、科学化方向发展。

一、监管法律制度

我国海外投资领域的监管法律制度的发展经历了严格管控、逐步开放、扶持鼓励、部分严格等阶段，而这一领域的法律制度对规范与引导我国海外投资起到了重要作用。

（一）现状分析

一是审批制度。我国海外投资的审批主体包括商务部、国家发展与改革委员会（简称"国家发改委"）、国家外汇管理局、国有资产监督管理委员会等。

---

① GHOURI, AHMAD. What next for international investment law and policy? A review of the UNCTAD global action menu for investment facilitation［J］. Manchester Journal of International Economic Law, 2018, 15（2）：203.

② AHMAD GHOURI. What next for international investment law and policy? A review of the UNCTAD global action menu for investment facilitation［J］. Manchester Journal of International Economic Law, 2018, 15（2）：190-213.

我国商务部实施了两级审批制度：一级是商务部，它可以对海外投资项目进行核准与备案管理；另一级是省级商务部门，它只具有海外投资者项目的备案权限。在备案制度方面，中央企业从事海外投资报商务部备案，地方管辖企业报省级商务部门备案；在具体程序方面，对中央企业和地方企业进行了区分，对不同的企业所采取的审批制度和程序存在明显差异①。

国家发展与改革委员会在海外投资领域的主要职责是审查项目，目标是完成海外投资宏观引导，为我国海外投资创造有利条件并提供各种便利化服务。依据目前的相关规则②，国家发改委对海外投资项目的审查主要遵循"备案为主、核准为辅"的原则。总体而言，严格审核的项目是比较少的，主要是备案管理。备案也实施两级制度，一级是国家发改委备案，主要针对中央企业或海外投资额度超过 3 亿美元的项目；另一级是地方企业备案，到各省级政府的投资主管部门备案。

国家外汇管理局主要审核的事项是外汇收支和登记，对相关情况进行综合分析，为进一步制定政策提供依据。依据相关法律制度的规定，主要实行外汇登记及备案制度③。具体而言，海外投资活动获得批准后，国家外汇管理局要进行资金来源登记。在 2014 年，相关审批权限产生了一些变化，允许国家外汇管理局的下级部门对海外投资的资金管理进行登记；到了 2015 年，国家外汇管理局的管理方式也变成间接形式，开始取消了外汇登记核准，由银行直接对海外投资外汇事项进行审核。

国务院国有资产监督管理委员会（简称"国务院国资委"）主要是为了在海外投资中保护国有资产、防止资产流失，陆续制定了相关法律

---

① 如果是中央企业，直接向商务部提出申请，如果是地方企业，则将材料提交给省级商务部门，省级商务部门再向商务部提交申请。在做出决定的时间方面，中央企业向商务部提交申请后，商务部受理后 20 日内做出决定，并书面告知申请企业是否获得核准。地方企业向省级商务部门提交申请后，省级商务部门要在 15 日内进行初步审查并给出意见，并将全部材料交给商务部，商务部收到初步审查意见和全部材料后 15 日内做出最终决定。

② 主要包括《国家计划委员会关于加强海外投资项目管理的意见》《境外投资项目核准暂行管理办法》《境外投资项目核准和备案管理办法》等。

③ 主要包括《境外投资外汇管理办法》《关于进一步深化境外投资外汇管理改革有关问题的通知》《关于境内居民个人境外投资登记及外资并购外汇登记有关问题的通知》《境内机构境外直接投资外汇管理规定》《关于进一步改进和调整直接投资外汇管理政策的通知》《关于进一步简化和改进直接投资外汇管理政策的通知》等。

制度①。其管理的主要范围为对国有企业从事海外非主业投资的禁止性规定，需要进行相关非主业投资的，必须经国务院国资委核准，并要求国企进行双备案制度。

二是监管制度。目前我国对海外投资的监管制度主要分为事前监管、事中监管、事后监管等，承兑了对我国海外投资监管的全过程体系。事前监管主要是给海外投资企业的投资画出基本"红线"，判断该投资项目是否存在损害经济安全、国家利益等情况。因此，要求海外投资企业必须提交前期的情况说明，包括尽职调查、投资分析、可行性分析、资金来源等内容。事中监管、事后监管是对投资后进行监管。我国近年来越来越重视这两个阶段的监管，以改变以前对海外投资后期监管不力的局面。对此，国务院通过出台新的法令，设立新的监管配套机制，借助电子平台系统，来加强对海外投资项目的运行监管。运用在线、抽检等方式，实时掌握相关项目进展情况，并对项目进行常态化审计和资产评估，强化对海外投资的整体监管、动态监管。

（二）存在的不足

一是立法体系混乱。我国在引进外资方面的法律制度较为完善，但是在海外投资方面还没有统一的法律制度，目前的相关法规的立法层次较低，相关立法较为混乱零散，不成体系，很多层次的法律规定之间还存在不协调的地方，这与我国在推动共建"一带一路"高质量发展背景下大力发展海外投资的现实需要是不相符的。

二是监管主体多重管理的问题。目前我国海外投资的监管主体包括商务部、国家发改委、国家外汇管理局、国务院国资委及各地方主管机关。在具体的监管过程中，存在职权交叉重叠的情况，既存在横向的多部门监管，也存在纵向的多层次监管，容易导致海外投资监管事宜的效率低下。这样的监管体系不可避免地会导致问题复杂化，同一个投资行为，可能会需要不同部门进行审查。同一个海外投资行为需要向不同部门进行不同的核准和登记，导致审批过程复杂、办事效率低下，增加了企业负担，很大程度上影响了海外投资企业的相关事务和工作的顺利开展。

---

① 主要包括《关于加强中央企业重大投资项目管理有关问题的通知》《关于加强中央企业境外投资管理有关事项的通知》《中央企业境外国有资产监督管理暂行办法》《中央企业境外国有产权管理暂行办法》《中央企业境外投资监督管理暂行办法》等。

三是监管框架存在缺陷。虽然目前我国各部委颁布了海外投资监管领域的相关法规制度，但是很多监管规则较为简单，条文表述较为模糊，很多是从原则性的角度来规定的，很难在现实中对海外投资企业进行准确有效的监管。监管也缺乏实质性内容，如对海外投资主体交易真实性的监管、资金流动的监管、投资行业合理性监管等，就缺乏实质性规定。近年来，虽然监管机关加强了后期监管的力度，但目前的监管主要还是事前监管。在项目走出国门后，目前的法规无法为监管机关实施有效的后期监管提供保障。

（三）完善建议

一是设立专门的监管部门。目前我国的监管主体较多，各主体的监管职责存在交叉或重合，在实际的操作中可能会存在管理内容不清楚、审查程序过于复杂等情况。这既不利于海外投资企业高效完成项目审批，也不利于对海外投资实施有效监管。对此，我国可以考虑进行一定的改革，对当前的审查主体职权进行整合，设立专门的海外投资审查委员会，负责我国海外投资的所有审查事宜，明确海外投资审查委员会审查的相关事项。这样既可以解决多头、多层次管理的问题，大大提高海外投资审查事项的效率，也可以为我国海外投资企业提供更好、更专业的服务和保障，有利于海外投资的便利化，促进海外投资顺利健康发展。

二是优化监管中的审批制度。建立和完善自动许可制或登记备案制。自动许可制在海外投资审批制度的发展中逐渐为很多国家所采用。该制度具有很多的优势，如程序简便、期限明确、确定、快捷、高效等，同时还具有很高的透明度和可预见性，为海外投资的便利化发展提供制度支撑。在登记备案制下不需要经过行政主体的实质性审查，只需要履行登记备案程序，即可取得海外投资资格。对于目前不需要设立核准的事项，可以考虑取消核准制度，用登记备案制来代替，这样可以彻底消除现有核准环节给海外投资带来的障碍。同时，我国也可以考虑整合当前的法律制度，制定海外投资审查领域的专门性法律，如《海外投资监管法》或《海外投资审查法》。这样有利于在海外投资审查过程中进行集中和统一管理，能够依据海外投资发展的具体情势，迅速、便捷地从法律层面做出回应。

三是构建海外投资后期监管制度。后期的运营对海外投资项目更加重要，特别是在"一带一路"沿线国家众多的情况下，投资目的国情况复杂多变，完善的后期监管制度将对海外投资项目的顺利运行产生重要影响。对此，我国可以通过构建完备的法律制度，运用多种手段来实施后期监管，如运用会计、税收、审计等工具对后期运营的情况进行整体监管，通过现代信息技术平台监管企业股权、关联交易方、资金流动方向等，也可以设立国家级的海外投资企业信息公示系统，公示相关违法记录，并加以惩戒。此外，后期应加强对重点项目的监管，对民营资本的海外投资应加强引导，保证其健康有序的发展。最后，还可以尝试建立第三方中立机构的监管制度，借助独立机构的专业能力，加强对海外投资企业的专业指导或监督。第三方中立机构也可以为我国政府的监管主体提供建议，提供评估报告，对科学决策、科学监管起到积极的辅助作用。

二、税收法律制度

目前，世界主要海外投资大国均通过构建完善的监管、保险、外汇、税收、产业等领域的法规来规范、鼓励和引导本国的海外投资。因为我国长期注重对外资的引进，所以有关外资的税收法律制度较为完善，但是海外投资所涉及的税收法律制度还有待发展与完善。税收法律制度有利于实现利益合理分配，引导我国海外投资的良性发展，同时也可以不断完善我国海外投资领域法规体系。

（一）现状分析

一是海外所得征税的基本法规。相关规定主要体现在财政部、国家税务总局发布的《境外所得计征所得税暂行办法》（修订）（以下简称"《暂行办法》"）当中①。《暂行办法》还规定，企业在境外取得的收入，不管汇回国内与否，均应该按照本规则纳税，境内外的所得统一汇算清缴。这样的规定对企业境外所得的避税行为起到了很好的限制作用，但是对企业在境外扩大投资，继续开拓海外业务，可能会造成一定的困扰。

---

① 《暂行办法》第12条规定：投资企业在境外实际发生的成本、费用，是指按照我国财务会计制度允许列支的成本、费用及损失，并不完全以企业从境外取得的纳税资料和凭证所记录的成本、费用为依据，从而计算得出企业来自境外的应纳税所得额，进而得出其境外所得的应纳税额和抵免限额。

二是税收直接抵免法律制度。我国的《企业所得税法》[①] 和《企业所得税法实施条例》[②] 对税收直接抵免进行了规定和解释。目前，世界各国对于海外税收抵免的方法各异，主要有分国限额抵免法、综合限额抵免法等，不同的方法会对本国海外投资企业的利益产生不同的影响。我国目前采用的是分国不分项限额抵免法，总体而言，这种方法对于在不同区域和发展水平投资的企业还是比较有利的。

三是税收间接抵免法律制度。我国的《企业所得税法》[③] 对这一问题进行了基本规定，财政部、国家税务总局发布的《关于企业境外所得税收抵免有关问题的通知》（财税〔2009〕125 号）、国家税务总局发布的《企业境外所得税收抵免操作指南》（国家税务总局公告 2010 年第 1 号）对此又进一步做了细化规定和阐释。由于海外投资设立的子公司在东道国会享受一些税收优惠，同时在向母公司支付相关股息时，也可以享受一些税收优惠，因此，我国目前对税收间接抵免的规定，相对来说是比较容易操作的。

四是海外所得的税收优惠法律制度。这方面的规定主要包括不可抗力造成的投资风险、税收饶让、特定项目等领域的税收优惠或减免制度。这些制度有利于提升我国海外投资企业在自然灾害、政治动乱等情况下抵御风险的能力，对于充分享受东道国政府的税收优惠、提升海外投资的积极性，都将产生积极的效果。

（二）完善建议

在推动共建"一带一路"高质量发展的背景下，应当通过完善国内税

[①] 《企业所得税法》第 23 条规定：对于我国居民企业来源于中国境外的应税所得，已在境外缴纳的所得税税额，可以从其当期应纳税额中抵免，抵免限额为该项所得依照本法规定计算的应纳税额；超过抵免限额的部分，可以在以后五个年度内，用每年度抵免限额抵免当年应抵税额后的余额进行抵补。

[②] 《企业所得税法实施条例》的具体释义：第一，"已在境外缴纳的所得税税额"，是指企业来源于中国境外的所得依照中国境外税收法律以及相关规定应当缴纳并且已经实际缴纳的企业所得税性质的税款；第二，"抵免限额"，是指企业来源于中国境外的所得，依照企业所得税法和本条例的规定计算的应纳税额，具体是采用分国不分项限额法进行计算；第三，"五个年度"，是指从企业取得的来源于中国境外的所得，已经在中国境外缴纳的企业所得税性质的税额超过抵免限额的当年的次年起连续 5 个纳税年度。

[③] 《企业所得税法》第 24 条规定：居民企业从其直接或者间接控制的外国企业分得的来源于中国境外的股息、红利等权益性投资收益，外国企业在境外实际缴纳的所得税税额中属于该项所得负担的部分，可以作为该居民企业的可抵免境外所得税税额，在本法第 23 条规定的抵免限额内抵免。

法的相关规则，为我国海外投资企业提供更加便利的税收法律制度，引导和保障我国海外投资向多领域、多层次的方向发展。

一是完善海外所得税收法律制度的程序规则。特别是依据不同投资东道国国内法的纳税规则，再依据我国国内法规进行相关成本、利润的计算，可能会导致纳税程序繁琐。对此，可以借鉴很多国家的做法，依据投资东道国国内法对海外所得进行的计算，然后对重要项目进行调整，这样有利于减少纳税计算的程序，也基本维护了税收的公平与合理。同时，在征税的时间程序上，建议允许延期纳税，鼓励海外投资企业扩大业务，增强其风险抵抗能力。当然，我国可以对延期纳税进行相应的条件设置，如设立审核程序，将延期纳税的取向进行明确限制等。这样既有利于防止跨国避税，也有利于促进本国海外投资企业拓展业务。

二是完善海外所得税收直接抵免法律制度。我国实施的分国不分项的直接抵免方法具有合理性，但是在处理超限抵免额的问题上还不太合理。对此，我国可以借鉴欧美发达国家的做法，对超过限额的部分，可以设置3~5年的时间限制，允许在往后年度继续结转抵扣。这样就可以进一步减轻海外投资企业的税收负担，改善海外投资企业的经营条件，促进海外投资的发展。我国可以对目前的定率抵扣法进行优化，允许海外投资企业在程序上对此方法进行选择，而不必经过税务机关的审核，从而有利于针对不同海外投资企业确定相应的税收办法。

三是进一步完善海外所得税收优惠法律制度，形成目标明确、层次分明的税收优惠法律体系。目前的税收优惠规定主要是通过减免的方式来实施，形式较为单一。我国可以对海外投资的目的国、行业、效益等方面进行一定的区分，做到具体问题具体分析，这样就能引导海外投资的发展更好地与国内经济发展相呼应。我国应该注重民营企业的海外投资税收优惠，可以在税收政策上有所倾斜，促进我国海外投资结构向更多元、更高效的方向发展；还可以规定海外投资企业风险准备金制度，目前海外投资的风险种类繁多，情况复杂，为了更有效地促进海外投资企业的发展，可以规定企业从收益中预留风险准备金，这部分资金应该从税收基数中扣除。这样可以增强海外投资企业抵御风险的能力，更好地引导我国海外投资的发展。风险准备金的比例，目前还没有统一的标准，可以依据不同的投资区域和行业进行灵活处理。

三、财政金融支持法律制度

(一) 现状分析

1. 财政支持法律制度

目前，我国在海外投资的财政支持领域形成了一系列的法规制度，对促进海外投资的顺利发展起到了积极作用，具体见表4-1。

表4-1　财政支持法律制度

制度类型	具体措施规定
财政补贴	我国为了积极配合国内经济发展的"走出去"战略，制定了相应的配套措施，包括海外投资的财政补贴制度。依据相关规定，对符合相关条件的海外投资项目，政府将给予直接资金或贴息等方式的专项资金支持。直接资金主要是为了让海外投资企业获得项目所需要的相关费用，这其实是对海外投资企业开展前期海外投资活动的一种资金资助；政府贴息主要针对海外投资项目贷款所产生的利息。此外，2014年财政部和商务部修订公布了《外经贸发展专项资金管理办法》，主要是为了结合"一带一路"倡议的相关措施，更好更合理地引导海外投资企业进行海外投资
人员培训	随着"一带一路"倡议的稳步推进，我国海外投资的区域范围、行业领域都将得到极大拓展，海外投资的规模也将不断扩大。随之而来的是对熟悉海外投资的相关法律人才、管理人才、经营人才的需求将越来越大。对此，商务部在2007年发布了《2007—2009跨国经营管理人才培训工作方案》，此后又陆续开展了几批跨国经营相关人员的培训工作，重点培训对象是海外投资企业的管理人员、技术人员、相关负责人等
信息咨询	2009年商务部发布了《对外投资合作国别（地区）指南》（以下简称"《指南》"），为我国企业海外投资提供权威信息服务。《指南》覆盖的范围广，达到了160多个国家和地区，详细地介绍了这些海外投资区域的政治、经济、文化、社会等方面的信息，客观、及时地为我国海外投资企业提供海外投资所需要的信息，为海外投资企业评估分析、准确判断相关投资项目的可行性提供了有力的保障，也极大地降低了投资风险，促进了投资的便利化

2. 金融支持法律制度

我国对海外投资长期实施限制政策，对海外投资的企业有专门的规定与行业要求，直到20世纪90年代后期，才逐渐取消对海外投资的限制政策，并积极开拓海外市场，坚持"两个市场、两种资源"的发展理念，将

"走出去"作为国家战略来推动和实施。同时，我国在海外投资领域对产业指导、投资规范、投资指引等方面的具体措施进行了较为全面的规定。但总体而言，我国对外投资的起步很晚，政策的限制时间较长，有关海外投资的法律制度还不完善，立法层级较低，大多是一些政策性的导向规定，缺乏专门法律的制定，特别是在海外投资的融资信贷、保险外汇等领域，更是缺乏专门性规定。目前我国金融支持法律制度与具体内容见表4-2。

表 4-2　我国金融支持法律制度现状

相关法规	具体内容
2004年，国家发展和改革委员会（以下简称"国家发改委"）与中国进出口银行联合下发的《关于对国家鼓励的境外投资重点项目给予信贷支持政策的通知》、2005年国家发改委与国家开发银行联合下发的《关于进一步加强对外投资重点项目融资支持有关问题的通知》、2012年国家发改委与其他十二部委联合下发的《关于印发鼓励和引导民营企业开展境外投资的实施意见的通知》等	在现行的金融支持制度中，促进海外投资便利化主要涉及对国家重点鼓励的海外投资项目的信贷政策、民营企业海外投资的引导与规范等问题的阐释，特别是对民营企业的海外投资问题进行了规定，列举出了一些新的举措，包括鼓励国内银行为民营企业海外投资提供流动资金贷款、银团贷款、出口信贷、并购信贷等多种信贷形式，并积极鼓励开展以境外股权、资产为抵押提供项目融资，推动保险机制为民营企业海外投资提供担保和保险业务，创新业务范围和种类，以适应新形势下民营企业海外投资的发展需要

（二）存在的不足

一是法律层级相对较低。我国出台的一系列海外投资财政金融支持法规，主要是商务部、财政部、国家发改委等部门规章和规范性文件，还没有专门的单行法律。与其他一些海外投资大国的法律制度相比，我国的海外投资法律制度的层次和位阶较低，也没有形成完整的系统。随着"一带一路"倡议的推进实施，我国未来的海外投资发展对法律规范的需求将进一步提升，需要进一步完善相关法律制度。尤其需要提升立法的层次，有海外投资方面的专门性法律，这样才可以更好地保护和促进我国海外投资的发展。

二是财政金融支持范围较小。依据我国在海外投资领域中的整体规划和制度安排，中国进出口银行每年的出口信贷计划中，具体业务涵盖提供专项贷款，提供与项目有关的投标保函、履约保函、预付款保函、质量保函及国际结算等；在保证金方面给予很大的优惠，并对贷款申请的条件进行了规定。就目前而言，这些条件主要是为大企业和大项目服务的，国内的中小企业很难从中国进出口银行获得这样的信贷融资服务。国家开发银行有责任拟定年度海外投资重点项目的融资支持计划，并在每年的股本贷款规模中安排专门贷款资金，提升我国海外投资重点项目的融资能力。

三是财政金融配套服务不够系统化。我国目前还未建立一个专门的海外投资财政金融信息服务机构来提供相关投资信息的专门化服务，这样就很难为我国海外投资企业提供专业化、持续化、全面化的服务。特别是在海外投资的时机、投资风险、法律障碍、注意事项等方面的信息获取与评估，需要专门的服务机构更加专业化、系统化的分析与指导。

（三）完善建议

一是加强财政金融的相关立法。我国应结合海外投资的发展现状和未来趋势，整合现有规章制度，加强相关法律制度的整体完善，考虑制定专门性法律，为我国海外投资财政金融领域提供专门性的法律规则，从而为解决海外投资的资金来源问题提供法律制度保障。我国还应考虑加强海外投资的国际支付、结算、转移等领域的立法，保证我国海外投资企业在海外投资过程中的各类保障措施能够形成体系。另外，我国应考虑扩大财政金融政策的支持范围，改变当前主要针对国有大中型企业进行财政金融支持的现状。

二是注重财政金融政策的系统性。从域外国家的实践经验来看，海外投资成熟的国家都很注重财政金融支持政策的系统性和连续性。我国应当考虑系统协调各部委之间制定政策的一致性，加强沟通与交流，避免规则相互冲突和矛盾的地方，对规章制度一类的法律文件要进行详细的梳理和比较，实现各项法规制度的一致性[①]。同时我国要注重加强相关政策措施实施的连续性，增强政策实施的有效性和稳定性，这样才能更有效地实现海外投资便利化，保障海外投资的稳定性和连续性。

三是实现财政金融政策的公平性。当前，我国的海外投资财政金融支持政策主要支持的对象是国有企业和国家重点鼓励的项目，而一些中小型

---

① 如《境外投资外汇管理办法》《对国家鼓励的境外投资重点项目给予信贷支持优化问题的通知》《境外投资管理办法》《境内机构境外直接投资外汇管理规定》《关于做好境外直接投资人民币结算试点管理办法》《关于做好境外投资项目下放核算监督管理暂行办法》《关于鼓励和引导民营企业积极开展境外投资的实施意见》《关于调整部分境外投资外汇管理政策的通知》等。

企业很难获得相关资金或贴息支持。对此，我国完全可以借鉴发达国家的一些措施，专门针对中小企业的海外投资进行引导和资金支持，这样既可以考虑海外投资重点项目和重点领域，也可以兼顾中小企业，全方位地为我国海外投资企业提供财政金融支持的便利化措施。

四是设立专门性的财政金融服务机构，拓展融资渠道。投资母国除了有直接性的财政补贴或贴息等支持政策，还应当在专业服务方面设立和完善相关制度。特别是建立政府主导的专门性机构，为海外投资企业提供东道国政治、经济、法律、文化等方面的投资信息，为海外投资企业的前期项目考察、可行性研究、项目建设、产品市场等进行专业的信息咨询服务。对海外投资企业的技术人员、管理人员等进行有针对性的培训，让海外投资企业能在相应投资区域更顺畅地开展投资活动。同时，我国可以考虑开拓更多的融资信贷渠道，从政策方面积极鼓励我国的商业银行为我国海外投资企业提供金融服务，特别是为我国参与海外投资的民营企业提供金融服务。

四、保险法律制度

（一）承保机构

目前，承担我国海外投资保险业务的机构是中国出口信用保险公司（以下简称"中信保"）。从2003年第一张承保海外投资的保单业务开始，中信保就为我国海外投资的便利化发展做出了应有贡献。目前，我国海外投资保险方面的机制也主要是通过中信保的相关规则来具体操作，具体规定见表4-3。

表4-3　中国出口信用保险公司的主要规则

主要领域	具体内容
承保机构	中信保属于政府出资建立的全资公司，其法律地位与一般国有独资商业公司并无二致，这与其专门经营出口信用保险业务所需要的特殊身份是不相称的。此外，未明确我国政府为出口信用保险（包括海外投资保险）提供保险及出口信用保险的最终保险人的法律地位。中信保《投保指南》的业务操作规范主要内容包括：投保人、承保机构、适格的投资、适格的投资者、承保险种等

表4-3(续)

主要领域	具体内容
投保主体	中信保目前承保的仅仅是中资企业及银行，不包括个人。对于法人的具体规定较为详细，既有大陆的法人规定，也有境外（含港、澳、台地区）法人的具体规定①，并通过"其他"来为未来我国投保主题范围的扩大提供了可能性。这种可能范围主要涉及个人、基金会、信托机构、社团、协会及合伙、机构、合资企业等，无论性质营利与否，无论何种形式的责任，均可以逐步考虑纳入海外投资保险业务的投保范围
承保范围	承保险别的范围包括：征收险、汇兑限制险、战争及政治暴乱险、违约险。这些险别的设计与世界上其他国家海外投资保险的一般范围无多大区别。随着海外投资面临的形势和复杂环境不断变化，各国承保险别的规定也在通过创新形式来适应各种发展需要，我国可以在新形势下拓展承保范围，若出现新的非商业风险，可以与时俱进，提供更多的险种
赔偿与争端解决	海外投资索赔的主体主要有两种：一是投保人向承保人进行索赔；二是承保人向东道国代位求偿。我国还没有专门的《海外投资保险法》，一般按照《保险法》和《合同法》的相关规则或原则来进行索赔。国内的索赔程序包括：出险通知、承保主体核定保险的索赔、保险赔付。在具体的保险赔付争议解决方面，目前国内法部分没有进行程序性规定，还无法很好地保障海外投资者的获赔权益

（二）存在的不足

一是承保主体定位不清。目前，中国出口信用保险公司作为我国唯一承保海外投资政治风险的承保机构，在"一带一路"倡议实施背景下，在促进我国海外投资便利化方面发挥了巨大作用。但也应当看到其与很多海外投资大国的专业投资承保机构的差异，因为中信保既承担我国海外投资的保险业务，也要承担其他很多保险业务，并不是海外投资保险的专门机构。同时，中国出口信用保险公司在法律上也属于独立法人机构，属于实质上的市场参与主体，但是审批权和经营权没有分开，没有统一标准。与其他很多国家的成熟做法相比，我国出口信用保险公司的定位不太清晰。

二是投保主体范围问题。依据规定，在中国境外地区（含港、澳、台）注册成立的法人不可以成为我国海外投资保险制度的投保主体，但是

---

① 中信保的《投保指南》：在中华人民共和国境内（不包含港、澳、台地区）注册成立的法人；或者在中华人民共和国境外（含港、澳、台地区）地区注册成立的法人（但95%以上的股份由中华人民共和国境内的企业或者机构控制，则可由该境内的企业或者机构投保）；或为项目提供融资的境内外金融机构。

95%以上的股份由中国境内的企业或机构控制，则可以由该境内企业或者机构投保。据此，只要是95%以上的股份为我国企业所拥有，外国法人也可以成为我国海外投资保险制度的投保人，这隐性地扩大了我国海外投资保险投保主体的范围。虽然股权为我国企业所控制，但是它们仍然属于外国企业，不属于我国企业。此外，《投保指南》对自然人、民营企业、特别法人和非法人的投保资格没有明确规定，只是用了"其他"这样的模糊性词语来概括，在现实中很难得到中国出口信用保险公司的承保。

三是承保范围的滞后性。海外投资保险会因政治风险带来损失，政治风险随着新形势的发展在不断变化。目前，一些传统的政治风险发生的概率相对降低，而新型政治风险日益突出。我国目前的海外投资保险范围缺乏对新情势下新型政治风险的评估、界定与识别，现阶段我国海外投资承保制度规定还未将这些新型的海外投资风险纳入承保范围，如恐怖主义风险、环保风险、政策变动险等。

四是缺乏评估和预警机制。新型政治风险带来的影响是巨大的，提前对这些政治风险进行评估并做出预警对海外投资是十分必要的。这就更需要有更专业的机构来开展相关的工作并形成常态机制，让这些评估与预警机制成为我国海外投资决策的重要依据，能为海外投资企业提供更加科学、客观的决策指导。目前我国还没有专门的海外投资风险评估机构及专门的法律服务机构来对海外投资的风险防范进行法律保障，企业自身难以获得全面综合的预警信息，很多机制和制度还不完善，难以对政治风险有准确把握。

五是代位求偿机制问题。代位求偿机制是海外投资保险制度中的一个重要环节，对于投资母国和投资者的利益保障起到巨大作用。中国出口信用保险公司是我国目前唯一承保海外投资的机构，但法律并未对该公司赔付投保人后赋予其代位求偿权。目前我国还未制定《海外投资保险法》，对承保主体的定位也还有待明确，对投保人的资格规定也过于狭窄。这些制度确实会给我国海外投资保险领域的代位求偿权利的行使带来很大的困扰，无法完全满足我国海外投资保险现实发展的需要。

（三）完善建议

一是明确承保主体定位。目前中国出口信用保险公司作为我国海外投资保险的唯一承保机构，拥有保险业务的审批权与经营权，导致自身定位不清晰。出口信用保险公司要了解推动共建"一带一路"高质量发展背景下的新情况、解决新问题，应当考虑转型、升级和改制，加强对我国的商务部、财政部、外交部、发改委等部门的联合审查机制建设，加强对我国海外投资的审批、风险评估与管控、投资流向的宏观控制等方面的引导。

二是投保人范围的确定。对个人和民营企业应该明确其投保资格。我国在设定外资主体时，可将自然人、个人独资企业、合伙企业、其他非法人组织、外国个人等作为合格的外资主体，这样更能保护我国海外投资者的整体利益，也才更有可能保证我国海外投资主体的协调发展。同时，我们理应借鉴其他国家的合理做法，拓宽海外投资投保人的范围，把民营企业纳入其中，并对参与海外投资的民营企业作出专门性的海外投资保险证制度规定，更好地为推进"一带一路"国家间的合作提供保障。

三是扩展承保范围。扩展海外投资险的承保范围，为推动共建"一带一路"高质量发展背景下的海外投资提供更多便利与保障。我国可以考虑设置恐怖主义险、政策变动险、环保险、政策变动险等，并成立专门机构来开展承保业务，以更好地维护我国海外投资者的投资利益。同时，我国可以对索赔的条件进行具体规定，这样就可以预先为我国海外投资者提供该领域的风险评估与救济路径。

四是适保东道国的确定。当前，在推动共建"一带一路"高质量发展的背景下，海外投资的规模将会越来越大，越来越多的企业将会从事海外投资，所涵盖的投资区域将会更加宽广，除了欧美发达国家，广大发展中国家也将会是我们的海外投资区域。相比较而言，在发展中国家的投资可能会面临更多的风险，但同时，发达国家的经济危机和政府更迭频繁，也会带来不少的政治风险和经济风险。因此，所有海外投资都应当得到更好的保护。

五是代位求偿权的确立。目前国际法层面还没有关于代位求偿权的习惯法，某些国家通过签订国际法的方式予以规范。目前各国的做法可以分为双边模式、单边模式和混合模式①。我国可以借鉴相关模式的实践经验，分类实施代位权问题。对此，在推动共建"一带一路"高质量发展的背景

---

① 美国属于双边模式，只承保向发展中国家的海外投资，采用与发展中国家签订协议的方式来确定美国海外私人投资公司（OPIC）的代位权获得承认；日本属于单边主义模式，不要求东道国与日本定有 BITs，在这种情形下，承保机构的代位权得不到东道国的承认，在赔付给投资者后，通常只能由投资母国通过外交路径向东道国施加压力；德国属于混合模式，也不要求东道国与德国签订 BITs，但承保机构会考虑东道国的国内法律情况。

下保障我国海外投资者的基本利益，也需要对我国海外投资代位求偿权进行具体规则的设计。具体而言，我国可以借鉴他国经验及结合自身实际情况，将海外投资承保机构设计为政府与国有企业的联合经营模式；同时，可以直接规定"一带一路"背景下我国海外投资的投保人包括法人企业、非法人企业、自然人、特别法人及境外注册但由我国企业持股超过95%的企业、团体和其他机构。

五、外汇管理法律制度

（一）现状分析

作为国际货币基金组织（international monetary fund，IMF）的成员，我国在2004年年底就依据IMF资本项目交易规则的相关规定，推进人民币资本项目下的可兑换制度①。该制度的确立为我国外汇管理的发展奠定了坚实的基础，为我国海外投资的顺利进行提供了外汇管理制度支持。在2008年的《外汇管理条例》中，为了拓宽海外投资企业资本流动的空间，简化对海外投资企业外汇管理的审批，增强跨境资本流动的活力，我国进一步放宽或取消了限制，特别是在境内机构对外投资与放贷领域的限制更少了。为了进一步规范海外投资过程中的资本流动，2009年国家外汇管理局发布了《境内机构境外直接投资外汇管理规定》，规定了国家外汇管理局在海外投资的资金管理方面拥有自由裁量权，包括海外投资的资金范围、管理方式等政策的自行调整。

（二）存在的不足

一是立法体系不够完善。我国现行外汇管理法规在体系、层级、内容等方面均存在不同程度的问题，特别是缺乏专门的、系统的法律对其进行统摄。

二是监管手段比较单一。我国对外汇业务进行监管主要使用行政手段，关于经济手段和市场调节手段的法律制度是不健全的，外汇市监管手段单一，对外汇业务的开展及外汇制度的完善是十分不利的，也不利于经贸投资便利化和提高监管效率。

三是外汇监管制度的相关问题。我国对开设外汇账户进行了明确又严格的限制，依据《结汇、售汇及付汇管理规定》第七条，除了列出的几类

---

① 目前有11项限制可兑换，11项较少限制，15项较多限制，严格管制的仅6项。

境内机构可以开立外汇账户外，我国其他类别的进行海外投资的企业都必须将经营所得外汇全部卖给外汇指定银行。在外汇收支管理方面，主要涉及服务贸易快速发展所带来的监管问题。在个人海外投资外汇管理制度方面，依据目前的规定，个人购汇还限制在年度总额 5 万美元以内，并且缺乏相应的具体配套规则，导致可操作性较差。

（三）完善建议

一是完善法律体系。我国可考虑将《外汇管理条例》升级为专门性法律，建立相对完善的立法体系，完善以《中国人民银行法》为核心、《商业银行法》《保险法》《证券法》《外汇管理法》为主体的法律体系。同时，形成以法律、行政法规、部门规章和规范性文件为主、外汇司法解释为补充的法律层次。

二是明确监管定位。既要明确外汇监管机构的职责及其非歧视性和透明度原则，也要强调外汇市场的安全与秩序，又要明确外汇监管的基本手段，针对不同的领域、对象实施不同的监管措施，应用不同的监管机制，在不同的情形下采用多种监管手段，多管齐下，注重实际效果。简化手续、放宽限制，着力提高服务水平，优化有关技术手段，进一步规范进出口核销工作，使海外投资企业的业务办理程序更加合理高效。

三是建立高效的外资外债监测体系。既要建立全面的体系，也要重点关注。要搜集外资流动和外汇划转流动、用途等基本情况，充分运用现代信息技术，设立大数据分析平台，建立相关的数据采集、分析、管理系统，实现外资检测程序的电子化，加快外资外债检测的体系化建设，从而提高管理与决策水平。要加大对重点海外投资项目或单位的监测，以便及时了解外汇、结售汇、外债风险等方面的实际情况，提高外汇外债预警能力。

第三节　投资母国视角下我国海外投资便利化双边规则的完善

当前，全球经济和海外投资格局产生了巨大的变化，海外投资领域的条约规则也在不断地调整。然而，在多边投资规则难以取得突破的背景下，双边投资规则无疑是更现实、更优先的选择。随着推动共建"一带一路"高质量发展的不断推进与实施，我国未来与沿线国家的投资交往将更加频繁，顺利实现我国与相关国家的海外投资便利化，对区域内实现透明、可预测的投资环境至关重要。因此，对目前我国现有双边投资协议的关键条款进行分析，对我国未来加强与"一带一路"沿线国家的投资便利化发展，具有重要意义。

一、国民待遇条款规则

（一）现状分析

国民待遇条款属于 BITs 中的基本规则，也是核心待遇规则。从 20 世纪 80 年代签订第一个 BITs 开始，我国 BITs 对国民待遇条款的阐述逐渐从模糊转向明确。我国原来长期属于积极引进外资的国家，我国 BITs 对国民待遇的阐述也主要是基于资本输入国的角色定位来制定的。进入 21 世纪后，随着我国"走出去"战略的实施，特别是推动共建"一带一路"高质量发展的推进实施，我国目前已经是兼具引进外资和海外投资的大国，身份发生了巨大的变化。然而，我国 BITs 对海外投资大国身份的新要求还没有进行及时的回应，有关适应海外投资身份的国民待遇条款也存在不足。

一是条款规则本身的表述问题。目前 BITs 中关于国民待遇条款规则的阐述，还存在用语模糊的问题，这就可能让我国海外投资者在援引国民待遇原则时，遭到投资东道国的随意阐释。此外，规则本身给东道国的权利较多，设置了一些对投资者的限制性规则，可能会成为我国海外投资的障碍性规则。

二是缺乏准入前国民待遇和透明度规则。实践证明，统一内外资市场的准入标准，只要法律制度完善、监管得当，将会对吸引外资和对外投资产生积极的效果。然而，目前我国 BITs 对准入前国民待遇还未进行明确的规定，这本身是不符合我国在投资领域双重身份的角色定位的。此外，我国对国民待遇条款的规定一般都采用"在不损害其法律和法规的前提下"的限定条件，若想在投资活动中取得与东道国本国国民相当乃至更高的待遇，该投资行为首先需要满足符合东道国法律法规规定的要求。这样就可能在很多国家法律法规缺乏透明度的情况下，让我国的海外投资者能够真正享受到国民待遇。

三是例外规则的适用问题。客观而言，海外投资不可能完全自由化，需要设置一些例外规则。一般而言，BITs 包含的自由化程度越高，例外规则就越明确具体。国民待遇适用的例外规则主要包括负面清单、不符措施和根本安全例外等内容。目前我国的相关规则还没有对这些内容进行详细具体的阐述,这就极有可能让我国的海外投资遭受东道国对例外规则解释的随意性。

(二) 完善建议

一是注重国民待遇条款规则的利益平衡。随着海外投资发展出现新的格局,海外投资规则发展的一个重要趋势是注意平衡东道国与投资者之间的利益。同样,我国作为海外投资大国,应当改变以东道国身份来阐释国民待遇规则的传统模式,应该从规则本身的角度来阐释准入前国民待遇、负面清单、例外规定等问题。一方面要通过规则引导海外投资的发展,另一方面也要通过规则的完善来强化对海外投资利益的保护,从而更好地实现引进外资和海外投资的双向发展,也能更好地从规则角度来实现东道国与投资者利益的平衡。

二是注重对 BITs 范本规则的制定。当前,美国、德国等国家为了更好地引导本国海外投资的顺利发展,制定了 BIT 范本,并在范本中对国民待遇条款规则进行了详细的阐释,建立起了以公平互利为基本导向的国民待遇规则。目前,我国作为最大的发展中国家和海外投资大国,应在海外投资领域积极参与规则创新与制定。我国可以考虑通过制定 BIT 范本的方式,以互惠互利为核心导向,设计出符合我国资本输入大国和资本输出大国双重身份的国民待遇规则。

三是国民待遇具体条款规则的完善。建议完善和拓展国民待遇条款的适用范围,引入准入前国民待遇的规定。将国民待遇条款适用的范围扩展到准入前阶段和准入后运营阶段,删除"在不损害其法律和法规前提下""尽量"等模糊和弹性化的表述。还可考虑适用当前广泛适用的"负面清单"方式来支撑国民待遇条款的实际适用,列举出东道国禁止准入的行业,并对履行要求、当地成分、税收措施等不适用国民待遇规则的内容进行明确。同时,设置国民待遇条款中的重大安全例外规则,用列举的方式明确重大安全例外适用的范围,防止东道国对其进行扩大化解释。

二、最惠国待遇条款规则

(一) 现状分析

最惠国待遇条款也是 BITs 的核心条款规则,对于各缔约方的海外投资者能够享受到公平互利的投资待遇起到关键作用。我国签订的大多数 BITs

都包含有该条款，具体情况主要有几个方面：

一是最惠国待遇条款适用范围的规定存在差异。我国与不同国家在达成签订 BITs 的过程中会考虑不同国家社会、经济、政治、文化传统等因素，这就可能会直接影响不同 BITs 对最惠国待遇条款的适用范围。我国早期的 BITs 对最惠国待遇的规定较为概括，使用了"协议项下的任何措施""所有事项"等用语，并未具体、详细地对最惠国待遇条款适用范围进行说明，在仲裁实务中就可能导致对适用解释的争议，进而影响仲裁的公正性。当然，我国签订的 BITs 还是有很多明确规定了最惠国待遇的适用范围，对可以适用或者不可以适用的对象进行了明确的规定①。当然，在具体适用中，也可能会对"待遇""投资有关活动"等术语的理解存在差异。我国还有一些 BITs 通过详细列举的方式对最惠国待遇条款的适用范围进行了阐述，这属于比较明确的表述方式②。

二是对最惠国待遇条款适用例外的规定。我国签订的 BITs 对最惠国待遇条款适用的例外规则进行了相应的规定，以排除在某些特定领域的适用，主要包括涉税事项、政府补贴、政府采购等。如中国—新西兰 BIT 中允许对渔业和海事给予第三国差别待遇，这实际上就是将渔业和海事作为最惠国待遇的例外事项。但对于例外规定在适用中产生的争议该如何解决，并没有相应的程序规则。

三是最惠国待遇条款适用的争端解决。对于争端解决的方式，我国 BITs 进行了一定的阐述，主要包括磋商、国际仲裁、当地救济等方式。然而不同 BITs 有不同的规定，有的规定无须磋商，可以直接申请国际仲裁；有的规定需要先选择当地救济，再进行国际仲裁。同时，对仲裁的选择，不同的 BITs 也有不同规定，如中国—菲律宾 BIT 表述为"可以进行仲裁"，中国—文莱 BIT 表述为"应该进行仲裁"，中国—罗马尼亚 BIT 表述为"有权提交仲裁"。

---

① 如中国—荷兰 BIT 第 3 条第 3 款的规定："缔约一方给予缔约另一方投资者的投资和与该投资有关的活动的待遇不应低于其给予本国或任何第三国投资者的投资及与投资有关的活动的待遇"。中国—俄罗斯 BIT 规定："给予对方投资者在投资及相关活动方面的待遇，不应低于其给予本国投资者的待遇，也不应低于其给予任何第三国投资者的待遇"。

② 如中国—芬兰 BIT 规定："就设立、征收、运营、管理、维持、使用、享有、扩张、出售或投资的其他处置方面，缔约一方给予缔约另一方投资者的投资的待遇应不低于其给予任何第三国投资者的投资的待遇"。

（二）完善建议

一是保持对最惠国待遇条款适用范围的客观态度。目前，BITs 最惠国待遇条款适用范围呈现出扩大化的趋势，对此，学界有不同的观点。一种观点认为，扩大最惠国待遇条款的适用范围，将会给缔约国带来更重的负担，应该坚决反对[①]。另一种观点认为，对待最惠国待遇条款适用范围应秉持客观态度，不能简单地持肯定或否定的态度，应该具体问题具体分析[②]。本书赞成第二种观点，应该依据不同的缔约对象国，依据不同情况来分析问题。与经济、法制水平较高的国家达成的 BITs，就可以对最惠国待遇条款适用范围进行严格限制，不可以扩大适用范围；与经济、法制水平较低的国家达成的 BITs，则可以允许在适用的过程中进行适当的扩展，以更好维护投资者的基本利益。

二是明确最惠国待遇条款的争端解决程序。当前我国签订的大多数BITs，虽然涉及了争端解决程序是否适用于最惠国待遇条款的问题，但是还不太明确与具体。特别是能否在具体适用的时候对其进行扩大化理解，目前的国际仲裁实践也存在不同的意见。对此，我国 BITs 应当明确最惠国待遇条款争端解决的态度，在 BITs 没有明确规定的情况下，不能够将争端解决程序适用于最惠国待遇条款，同时，防止仲裁实践对适用范围的扩大化管辖。

三是提升争端解决规则的制定能力。我国应该从争端解决规则发展的历史入手，探寻 BITs 争端解决机制发展的基本逻辑，结合推动共建"一带一路"高质量发展的宏观背景，结合我国海外投资便利化发展的现实需要，同时研究现有世界上主要国家 BITs 的发展规律，对 BITs 争端解决机制的未来发展趋势进行探索，提升我国在 BITs 争端解决规则制定方面的能力。

三、间接征收条款规则

（一）现状分析

从 20 世纪 90 年代开始，国际社会就试图从多边投资协议（MAI）的角度来阐释海外投资过程中的征收与补偿问题，在经济合作与发展组织成

---

① 徐崇利. 从实体到程序：最惠国适用范围之争 [J]. 法商研究，2007（2）：48.
② 陈安. 国际投资法的新发展与双边投资条约的新实践 [M]. 上海：复旦大学出版社，2007.

员国起草的 MAI 第 4 章第 2 节的"征收与补偿"中首次使用了"间接地"一词。我国与外国签订 BITs 主要是从改革开放后开始，以下就我国 BITs 对间接征收的基本规则进行简单分析。

一是间接征收的基本要件。我国早期签订的 BITs 在很多方面还不太成熟，包括对间接征收问题的规定还比较模糊，不太统一，尤其是在间接征收的界定方面。因此，我国很多 BITs 对间接征收的规则内容还处于借鉴阶段。最近十多年，这种情况发生了显著的变化。后来达成的 BITs 对这些内容进行了一系列的发展和更新①。从适用性角度来看，我国与印度签订的 BITs 在规则条款上虽然取得了一些进步，相关规则更加完善，但是作为两个发展中国家，相互投资的额度有限，达成的一些规则还不具有普遍的实用意义。与此相对应的是，我国与新西兰签订的 BIT 对间接征收的问题也进行了详细的规定，并在一定程度上完善了中印 BIT 的不足，是中国 BITs 缔约史上的一大进步。

二是间接征收的争议解决。我国在 1990 年加入了《华盛顿公约》，并于 1993 年批准生效。自此，我国在海外投资领域的争端解决就要受到《华盛顿公约》的约束，此后签订的很多 BITs 就规定了有关投资争端解决的规则条款，包括间接征收纠纷的解决②。一方面，相关条款规则的管辖范围扩大了，原来的管辖范围仅限于"征收补偿金"的争议，之后将其管

---

① 如 2008 年中国—新西兰 BIT 在其附件 13 里面，对"间接征收"的相关规定采取了与中国—印度 BIT 中类似但更为全面的内容。内容如下："1. 除非缔约国采取的一个或一系列措施干预了投资者的有形或无形的私人财产利益或财产权利，否则不能认定为征收。2. 认定为间接征收的东道国政府干预投资者在其境内投资的行为必须符合：（1）与公共目的不成比例；（2）影响严重的或无期限的。3. 征收可以是直接的也可以是间接的：（1）直接征收发生在东道国政府完全取得投资者财产的情况下，包括没收、法律强制等手段；（2）间接征收发生在东道国政府通过效果等同于直接征收的手段取得投资者财产的情况下，此时，尽管其行为不构成上述第（一）项所列情况，但却实际剥夺了投资者对其财产的使用权。4. 对财产的干预应该被认定为构成间接征收包括下列条件：（1）违反东道国政府对投资者所作的具有约束力的书面承诺，无论此种承诺是通过行政许可、合同、还是其他法律文件做出的；（2）是歧视性的，既可能是针对特定投资者的，也可能是针对投资者所属的某个类别的。5. 除符合第四款的极少数情况下，东道国政府为履行其国内管制权而采取的，可被合理地认定是为了实现包括维护国家安全、保护环境、健康等在内的公共或社会目的而采取的管制措施，不应认定为间接征收"。

② 如中国—韩国 BIT 内中国首次接受了 ICSID 仲裁管辖权，到了 1998 年与巴巴多斯缔结的 BIT 中全盘接受 ICSID 仲裁管辖，其中第 9 条规定："如果缔约一方（即外国）的投资者与缔约另一方（即东道国）之间任何有关投资的争议在 6 个月（自收到争议通知书之日起）内不能协商解决，外国投资者有权将有关争议提交根据《华盛顿公约》设立的 ICSID，或提交根据《联合国国际贸易法委员会仲裁规则》所设立的国际仲裁庭，通过国际仲裁方式解决投资争端。"

辖范围扩展到"任何投资争议";另一方面，规则赋予投资者更大的自主权，赋予了外国投资者单方面向国际仲裁庭申诉东道国政府的决定权。

（二）存在的不足

一是定义的确实或模糊。我国早期签订的很多 BITs 对间接征收未做出具体的规定，只是概括性地将"其他类似征收的措施"都解释为"间接征收"。随着我国在海外投资领域的发展，后来签订的很多 BITs 开始对间接征收的含义进行解读和规定，虽然有过回归传统的情形，但是总体趋势是规则具体化。

二是争端解决的管辖权问题。在早期签订的 BITs 中，我国对 ICSID 的管辖权比较传统，对其接受该解决机制的选择也较为谨慎。但是，2001 年中国—荷兰 BIT 签订以后，我国对 ICSID 仲裁管辖持完全开放的态度，基本完全接受了其管辖，甚至取消了投资者将争议提交国际仲裁前需经双方缔约国同意的限制。这虽然对投资者利益的保护较为有利，但也可能会导致滥诉的现象，可能会大大地增加外国投资者对中国政府提起间接征收争议之诉的数量。

三是补偿标准的操作性问题。我国所签订的 BITs 虽然对征收补偿问题进行了规定，但是其标准表述极为宽泛，不具有可操作性。一般的表述均为"合理""适当""合适""公平""公平和公正"等措辞，这样的标准表述实际上很难在具体争端解决中准确适用这些标准。如果可以理解为"被征收投资的市场价值"，但是这种市场价值如何确定，也有很大的不确定性，从而使补偿标准在一定意义上缺乏可操作性。

（三）完善建议

在推动共建"一带一路"高质量发展的背景下，我国在"一带一路"沿线国家和地区的海外投资可能会面临投资环境不透明、基础设施不完善的问题，特别是在政治制度及法制环境方面。未来我国与"一带一路"沿线国家和地区签订的 BITs 可以考虑从以下几个方面来完善：

一是控制受诉风险。为了应诉控制风险，我国在签订 BITs 时应该注意一些问题的处理，尽量控制法律风险。在对待 ICSID 管辖权问题上，我国应该保持自己的管制力度，不能毫无保留地将争端解决提交给 ICSID 裁决，在具体 BITs 签订过程中，应该有区别、有保留地进行规则设计，在确实需要维护本国公共利益、国家安全的情况下，对规则做明确的区分。

二是对海外投资遭受间接征收风险的控制。我国已经成长为全球性的海外投资大国，无论是投资流量，还是投资存量，在全球海外投资市场占比均较大。当前我国在"一带一路"国家的海外投资主要流向发展中国家，这些国家的法律制度不太完善、政治稳定性较差。因此，我国在复杂环境中开展海外投资就可能面临较多的风险，既有商业性风险，也有非商业性风险。因此，我国需要与东道国之间签订成熟的 BITs，来提升和保障我国海外投资的基本利益，特别是应该考虑不同发展水平国家的具体国情，考虑如何与"一带一路"沿线不同发展水平国家缔结 BITs 才能更好地保障中国的海外投资者的权益。

三是间接征收条款的完善。我国未来将继续在海外投资领域扮演重要角色，未来也会继续与"一带一路"沿线国家签订新的 BITs，要明确间接征收的定义和认定标准，并注意在与不同发展水平国家签订 BITs 时进行区分，增强我国 BITs 在应对间接征收问题时的规则治理能力。我国要重视 BITs 宗旨性条款，当具体规则条款对某一问题没有明确规定时，就会在总则或序言中寻找依据，也就是要考虑条约签订的基本目标或宗旨，以起到一定的补充作用。此外，我国还要对争端解决规则进行完善，对 ICSID 管辖权的接受程度、双方协商约定管辖的范围、具体程序的适用、岔路口条款的适用情形等问题进行梳理，对规则进行具体化、可操作化的改进。

当前，我国已经是全球性的海外投资大国，随着推动共建"一带一路"高质量发展的推进和实施，我国海外投资的步伐将持续加快，同时我国对外资的需求量仍然较大。因此，我国将会在很长一段时间内兼具资本输入国与资本输入国的双重身份。海外投资条约数量最多的 BITs 对我国海外投资及外资引进的重要性不言而喻，接下来就对中外 BITs 中的安全例外条款进行总结与分析。

四、安全例外条款规则

（一）现状分析

在双边投资规则体系中，安全例外条款对投资东道国的国家经济主权安全的保护作用十分明显，因此，很多国家的 BITs 很注重对该条款规则的纳入。目前，我国与其他国家签订的 BITs 有 100 多个，但其中设置了安全例外条款的仅有 20 多个。总体来看，我国在双边投资规则中对设置安全例外条款的态度是比较随意的，没有重视该条款规则的重要意义。美国也签订了很多的 BITs，但是几乎都设置了安全例外条款，同时对条款的适用进行了较为详细具体的阐释。这样，在海外投资过程中，美国就较好地平衡了投资东道国与投资者之间的利益，较好地维护了海外投资者的利益，促进了本国经济的发展。我国目前所签订的 BITs 没有足够重视安全例外条款规则的重要性，不利于海外投资活动的发展。

同时，对于该条款规则的设置，我国对安全例外条款规则还没有一个明确统一的标准。例如，在中国—印度 BIT、中国—加拿大 BIT 中，将其设置在一般例外条款部分；在中国—新西兰 BIT、中国—斯里兰卡 BIT 中，将其设置在限制和禁止条款中；在中国—葡萄牙 BIT、中国—奥地利 BIT 中，将其设置在投资者待遇的例外部分。与此同时，在安全例外规则条款的具体表述与适用方面，我国签订的双边投资条约也存在不同的阐述。一种是仅仅规定东道国可以采用安全例外条款来维护本国的基本安全，但对于采用什么样的程序，什么样的条件下可以适用，都没有明确规定，如中国—芬兰 BIT 就属于此种情况。一种是我国与他国在签订 BIT 时直接纳入其他条约中的规则，如中国—新西兰 BIT 就直接将《1994 年关税与贸易总协定》（GATT1994）第 21 条的安全例外条款纳入其中。还有一种是明确规定了缔约国享有采取措施维护本国的安全利益的权利，并通过一些原则性规定对缔约国行使这种权利进行限制，如中国—印度 BIT 规定使用该条款是需要采取非歧视的原则以及符合合理性要求。

（二）完善建议

随着推动共建"一带一路"高质量发展的推进和实施，我国在海外投资及引进外资方面都将取得较大发展。目前贸易投资保护主义开始抬头，在海外投资条约中纳入并明确安全例外条款，对我国投资领域的发展与安全具有重要意义，我国应当从以下几个方面完善我国 BITs 中的安全例外条款。

一是重视该条款的作用。安全例外条款在海外投资领域的作用与意义无疑是明显的，但我国 BITs 采用该规则较少，无论是作为投资东道国，还是作为投资母国，这对我国都是很不利的。特别是在"一带一路"沿线国家和地区纷繁复杂的形势背景下，在我国 BITs 中全面纳入安全例外条款是非常有必要的。除了传统的军事、武装冲突对安全的威胁外，还可能有恐怖主义、生物安全等新型的安全威胁，这都需要在我国 BITs 中事先进行相关规则的制定、解释。特别是在我国海外投资不断增长的背景下，未来修订或签订 BITs 时，应当重视安全例外条款规则的纳入与制定。

二是明确适用范围。关于安全的内涵与适用范围，在学界和仲裁实践中历来存在不同的理解。特别是安全理念的不断发展与安全例外条款规则的相对模糊，导致了实务中的很多争议焦点问题。目前很多规则将其范围限于军事以及武装冲突等威胁国家安全利益的事项，范围比较小；也有的规则干脆不做限定，导致其范围过于宽泛，这些都不利于海外投资过程中对东道国安全利益和投资者利益的保护。对此，我国应注重从投资母国的视角出发，尽可能地通过列举的方式来对安全例外条款的适用范围进行明确界定，避免东道国随意引用该条款来扩大本国安全利益的范围，损害我国海外投资者的利益。特别是目前国际经贸投资领域保护主义逐渐抬头，我国在签订 BITs 时，对于安全例外条款的适用范围一定要谨慎对待，应针对各个国家的情况采取不同的适用范围。

三是明确投资争端中的实践准则。在投资仲裁实践中，对涉及安全例外条款的可仲裁性问题应该加以明确，要么明确排除安全例外条款的可仲裁性，要么在双边投资协议中明确与该条款有关的争端均属于不可裁决事项。我国的 BITs 对安全例外条款相关事项的可仲裁性未作任何说明，一旦涉及有关争端，我国将不得不接受其管辖。对此，针对投资仲裁中的实践问题，我国可以在 BITs 规则的修订中明确相关规则的可仲裁性，使我国海外投资者在面临相关问题时有明确的规则依据。

五、公平与公正待遇条款规则

（一）发展现状

在我国 BITs 中，公平与公正待遇条款经历了一个从无到有的过程，我国早期 BITs 实践没有纳入该条款，后来逐渐将其纳入并予以重视。归纳起来，我国签订的 BITs 中公平与公正待遇的形式主要有以下几种情形：一是没有进行任何附加条件的公平与公正待遇条款规则。这种形式在中国签订的大多数 BITs 中最为常见，但是非常简单，仅仅在条约中提到公平与公正待遇的基本义务①。二是将公平与公正待遇与最惠国待遇、国民待遇联系在一起。其主要是对公平与公正待遇条款进行了比较灵活的规定，与国民待遇、最惠国待遇进行比较，使用更加优惠的待遇标准②；也有对公平与

---

① 如 1986 年中国—英国 BIT、1991 年中国—巴布亚新几内亚 BIT、1996 年中国—毛里求斯 BIT 等。

② 如 1995 年中国—摩洛哥 BIT、1988 年中国—波兰 BIT、2010 年中国—加蓬 BIT 等。

公正待遇条款的标准限于不低于最惠国待遇①。这种方式将国际最低待遇标准融入公平与公正待遇内容，没有消除公平与公正待遇的模糊性。三是采用列举式清单规定公平与公正待遇。我国列举式清单主要分为封闭式列举待遇和开放式列举待遇两种，相关的清单内容还比较简单，主要包含正当程序或非歧视等内容②。

我国 BITs 中的公平与公正待遇规定的特点主要有以下几个方面：一是表述方式多样化。在我国与其他国家的投资条约中，公平与公正待遇概念的表述不尽相同。我国缔结的 BITs 中，"公平与公正待遇"是主流表述，然而仍存在"公平与合理的待遇""公平的待遇"等表述，虽然略有差异，但是通过参照其他条约，这些表述仍特指公平与公正待遇。二是条款内容不断细化。在仲裁实践可能出现扩大化解释的背景下，我国 BITs 逐渐注重对公平与公正待遇条款内容的具体化，尽力缩小适用范围，避免受到扩大化解释的不利影响。

（二）存在的不足

虽然我国 BITs 对公平与公正待遇条款有各种尝试，力图做出更好的规定和阐释，但是就目前的相关规定来看，还存在以下不足：一是各项待遇标准关系混同。当前，我国订立的 BITs 中，仍有部分将公平与公正待遇是与最惠国待遇或国民待遇混淆，极易造成公平与公正待遇条款解释困难和模糊不清。二是有关国际法方面的内容不明晰。我国投资条约规则对习惯国际法等内容没有注明，对有关国际最低待遇标准等问题也没有进行具体阐释，这就可能导致实践中解释扩大化问题。

（三）完善建议

一是对基本概念进行清晰界定。目前，公平与公正待遇条款的内容还相对模糊，学界和实务界对内容的阐述方式各异。对概念的研究和界定是理解和应用该条款的基础性问题。对此，我国在以后的 BITs 签订中，应当注重对公平与公正待遇基本内涵和范围的阐释，并针对该待遇适用的情形和适用的阶段进行明确，是适用于投资准入前，还是投资准入后，抑或是适用于整个投资阶段。只有对这些问题加以确定，在未来的适用或仲裁实践中才可能少一些争议，更好地引导海外投资的发展。

---

① 如 1985 年中国—荷兰 BIT、2007 年中国—法国 BIT、2012 年中国—韩国 BIT 等。

② 如 2008 年中国—新西兰 BIT、2011 年中国—乌兹别克斯坦 BIT、2013 年中国—坦桑尼亚 BIT 等。

二是分离相关待遇规则。很多投资条约或投资仲裁庭将公平与公正待遇、国民待遇或最惠国待遇联系在一起适用，导致各待遇条款规则的适用存在一定的混淆。作为投资条约规则中的绝对待遇标准，理应与其他待遇条款规则区别对待，在使用中进行分离。如果公平与公正待遇与其他待遇规则混在一起，容易造成各自涵盖范围的混同，适用时造成各种关系的错乱。对此，我国在缔结 BITs 时，应将公平与公正待遇作为独立的待遇标准，并明确其本身的范围。

三是明确规则适用的例外。依据目前学界对未来投资条约规则发展的判断，东道国与投资者利益的平衡将是未来投资条约规则的发展趋势。客观而言，公平与公正待遇条款规则的适用将会对东道国管理公共事务的权利产生一定的约束。为了维护东道国的公共利益和主权权利，应当考虑制定紧急措施规则，在特殊情形下可以违反公平与公正待遇条款规则约定的义务，从而保护东道国的国家利益。这种使用的例外性规定在投资条约中也是存在的，如为公共利益，就可以采取非歧视性的措施，并给予合理的补偿。对公平与公正待遇的例外情形也可以进行细致规定，可以考虑如东道国发生经济危机、发生重大灾害、出现社会动乱或战争等情形，将这些情形纳入公平与公正待遇适用的例外，以维护法律的权威性和适用的公平性。

四是改革列举式清单。对于公平与公正待遇条款边界范围的不确定性及使用的模糊性，一些投资条约采取了列举式清单方式，尽量明确其适用的具体情形。客观而言，这样的做法确实对限制投资仲裁庭的自由裁量权、增强投资仲裁实践的统一性起到了很重要的作用。我国也应当在 BITs 规则中采取列举式清单方法，适应海外投资条约的发展趋势，规定公平与公正待遇的全部范围，平衡国家主权和投资者的私人利益。同时，采用何种列举方式，也需要认真考量。完全封闭的列举清单固然可以更多地阐释公平与公正待遇的适用范围，但是也完全限制了该条款的发展，容易呈现出僵化、呆板的局面。特别是在情况复杂多变的投资仲裁实践中，新出现的违反公平与公正待遇的行为不能被囊括其中，造成投资者陷入适用法律的困境。对此，我国应借鉴欧盟所创新的全面封闭式方法排他性地列举公平与公正待遇的重要范围，并通过缔约双方的共同磋商，以便于未来扩展公平与公正待遇范围，满足公平与公正待遇的灵活性、平衡性要求。

第五章 "一带一路"倡议下
区域促进海外投资便利化的
规则应对

区域自由贸易协定（regional free trade agreements, RTAs）从 20 世纪 90 年代开始迅速发展。在众多的 RTAs 中，《区域全面经济伙伴关系协定》（RCEP）、《全面与进步跨太平洋伙伴关系协定》（CPTPP）的相关投资便利化措施是比较具有典型意义的，代表了海外投资便利化规则发展的最新成果与最高水平。本章主要对这两个区域的投资便利化制度进行分析，并对"一带一路"区域投资便利化机制和规则的构建提供参考。

第一节 RCEP 的海外投资便利化规则与借鉴

RCEP 是 2012 年由东盟发起，由包括中国、日本、韩国、澳大利亚、新西兰和东盟 10 国共 15 方成员历时 8 年制定的协定。2020 年 11 月 15 日，第四次区域全面经济伙伴关系协定领导人会议以视频方式举行，会后东盟 10 国和中国、日本、韩国、澳大利亚、新西兰共 15 个亚太国家正式签署了 RCEP。RCEP 的签署，标志着当前世界上人口最多、经贸规模最大、最具发展潜力的自由贸易区正式启航。

一、RCEP 投资便利化的文本规定

在 RCEP 的文本中，投资便利化主要体现在第 10 章，通过专章的形式来对海外投资的相关问题进行了详细的规定，主要涵盖了投资保护、自由

化、促进和便利化四个方面，是对原"东盟'10+1'自由贸易协定"投资规则的整合和升级，包括承诺最惠国待遇、禁止业绩要求、采用负面清单模式做出非服务业领域市场准入承诺并适用棘轮机制①。投资便利化部分还包括争端预防和外商投诉的协调解决。本章附有各方投资及不符措施承诺表。

（一）国民待遇与最惠国待遇规则

RCEP 第 10 章第 3 条是"国民待遇"② 条款，对给予外国投资者的国民待遇进行了具体的规定，要求在投资的设立、取得、扩大、管理、经营、运营、出售或其他处置方面，每一缔约方给予另一缔约方投资者和所涵盖投资的待遇应当不低于在类似情形下其给予本国投资者及其投资的待遇。同时规定，为进一步明确，一缔约方根据第一款所给予的待遇，对于中央以外的政府层级而言，主要是指不低于作为该缔约方一部分的该政府在类似情形下给予其投资者或投资的最优惠待遇。

RCEP 第 10 章第 4 条是"最惠国待遇"③ 条款，要求在投资的设立、取得、扩大、管理、经营、运营、出售或其他处置方面，每一缔约方给予另一缔约方投资者的待遇应当不低于其在类似情形下给予任何其他缔约方或非缔约方投资者的待遇。同时，在投资的设立、取得、扩大、管理、经营、运营、出售或其他处置方面，每一缔约方给予涵盖投资的待遇应当不低于其在类似情形下给予任何其他缔约方或非缔约方的投资者在其领土内的投资的待遇。为进一步明确，对第 1 款和第 2 款所指的待遇进行了一定的限制，不包含其他现存或未来国际协定项下的任何国际争端解决程序或机制。

（二）投资待遇与禁止业绩要求规则

RCEP 第 10 章第 5 条是"投资待遇"④ 条款，规定了每一缔约方都应当依照习惯国际法外国人最低待遇标准，给予涵盖投资公平公正待遇以及

---

① 冻结规则是指成员方在协定对其生效后，对现存不符措施的修改不能低于 RCEP 负面清单承诺水平。即对现存不符措施的任何修改，只能比修改前减少对外资的限制，而不能降低修改前外资已享受的待遇。

② 为进一步明确，本条所指的"类似情形"须视整体情况而定，包括相关待遇是否基于合法的公共福利目标而在投资者或投资之间进行区别对待。

③ 本条不适用于柬埔寨、老挝、缅甸和越南。本条规定的待遇不得给予柬埔寨、老挝、缅甸和越南的投资者以及此类投资者的涵盖投资。为进一步明确，本条所指的"类似情形"须视整体情况而定，包括相关待遇是否基于合法的公共福利目标而在投资者或投资之间进行区别对待。

④ 本条应当依照第 10 章附件 1（习惯国际法）进行解释。

充分保护和安全。为进一步明确相关规则，又规定了具体的情形，包括：①公平公正待遇要求每一缔约方不得在任何司法程序或行政程序中拒绝司法；②充分保护和安全要求每一缔约方采取合理的必要措施确保涵盖投资的有形保护与安全；③公平公正待遇与充分保护和安全的概念不要求给予涵盖投资在习惯国际法关于外国人最低待遇标准之外或超出该标准的待遇，也不创造额外的实质性权利。同时对本条进行了说明，认定一项措施违反本协定其他条款或另一单独的国际协定并不能证明该措施构成对本条的违反。

RCEP 第 10 章第 6 条是"禁止性业绩要求"条款。条款规则要求任何缔约方不得就其领土内缔约另一方投资者的投资进行设立、取得、扩大、管理、经营、运营、出售或其他处置方面，施加或强制执行以下要求①：①出口一定水平或比例的货物；②达到一定水平或比例的当地含量；③购买、使用其领土内生产的货物，或给予其领土内生产的货物优惠，或向其领土内的人购买货物；④将进口产品的数量或价值与出口产品的数量或价值或与该投资者的投资有关的外汇流入金额相联系；⑤通过将销售与出口产品的数量或价值或外汇收入相联系，以限制该投资生产的货物在其领土内的销售；⑥向其领土内的人转让特定技术、生产流程或其他专有知识；⑦仅从该缔约方领土内向一个特定地区市场或世界市场提供投资所生产的货物；⑧对于在施加或强制执行该要求时业已存在的任何许可合同，或投资者与缔约方领土内的人自由达成的任何未来的许可合同，规定一定比率或金额的特许费，只要实施或强加该要求的方式构成一缔约方在行使非司法性质的政府职权下对该许可合同的直接干预②。为进一步明确，当许可合同由投资者与一缔约方订立时，本项不适用。尽管有本条，第⑥项和第⑧项不适用于柬埔寨、老挝和缅甸。

同时，"禁止性业绩要求"条款还规定，任一缔约方不得就其领土内的缔约另一方投资者的投资在设立、取得、扩大、管理、经营、运营、出售或其他处置方面，要求以遵守下列要求作为获得或继续获得优惠的条

---

① 为进一步明确，各缔约方可以维持现行措施或采取不符合其在本条项下义务的新的或更具限制性的措施，这些措施列在附件 3（服务与投资保留及不符措施承诺表）承诺表清单 1 和清单 2 中。

② 就本项而言，"许可合同"指与技术许可、生产流程或者其他专有知识相关的任何许可合同。

件：①达到一定水平或比例的当地含量；②购买、使用其领土内生产的货物，或给予其领土内生产的货物优惠，或向其领土内的人购买货物；③将进口产品的数量或价值与出口产品的数量或价值或与该投资者的投资有关的外汇流入金额相联系；④通过将该销售与出口产品的数量或价值或外汇收入相联系，以限制该投资生产的货物在其领土内的销售。

（三）投资转移规则

一般而言，各国为了维护外汇市场的稳定，减少热钱投机性的炒作，保持本国外汇和金融市场的稳定，很多国家对外商投资资金给予了一定限制，但 RCEP 对此采取了较为宽松的规定，这与被称为自由贸易协定范本的 NAFTA 对该问题的规定和宗旨有很多的相似之处①。

RCEP 第 10 章第 9 条的"转移"条款对此进行了详细的规定。第 1 款要求每一缔约方应当允许所有与涵盖投资有关的转移自由且无迟延地进出其境内。该等转移包括：①投入的资本，包括初始投资；②利润、资本所得、股息、利息、技术许可使用费、技术援助和技术及管理费、许可费以及涵盖投资产生的其他经常性收入；③出售或清算全部或任何部分涵盖投资的所得；④根据包括贷款协议在内的合同所支付的款项；⑤根据第 10 章第 11 条（损失的补偿）和第 10 章第 13 条（征收）所获得的款项；⑥因任何方式解决争端而产生的款项，包括司法判决、仲裁或争端方达成的协定；⑦与涵盖投资有关的外籍员工的收入和其他报酬。

第 2 款规定，每一缔约方应当允许与涵盖投资有关的转移以任何可自由使用的货币按照转移时现行的市场汇率进行。

第 3 款规定，尽管有第 1 款和第 2 款的规定，一缔约方可以通过公正、

---

① NAFTA 第 1109 条关于投资"转移"的规定：（1）每一方都应允许他方在该国的投资可自由移动且不被延迟。该转移包括：（a）利润、股息、资本利得、特许使用金、管理费、技术援助和其他费用、投资回报和返回；（b）所有销售或任何投资部分或投资完整清算部分；（c）在合同下给予投资者的支持或其投资，包括按照贷款协议的付款；（d）根据第 1110 条付款；B 款下产生和支付的部分。（2）每一方应允许可自由使用货币在市场汇率盛行之日与现货交易的货币转移。（3）任何方不可以要求它的投资者转让收入、盈利、利润或其他大量来自或归于另一方领土上的投资、或因没有转让而惩罚投资者。（4）尽管有上述第 1 款和第 2 款，东道国可以通过公平、非歧视和其诚信法律的应用来防止货币等转移：（a）破产、倒闭或债权人权利保护；（b）发行、交易或证券交易；（c）刑事或刑事犯罪；（d）货币或其他货币工具转移报告；或（e）确保审判程序判决的满意。（5）上述第 3 款规定不得解释一方通过公平、非歧视和诚信应用其法律采取任何措施防止第 4 款（a）至（e）出现的货币等转移。（6）尽管有第 1 款，缔约国可以在本协定下在某种情况下（包括设定的第 4 款规定下）限制回报等形式的转移。

非歧视和善意的适用与下列事项有关的法律和法规，以阻止或延迟转移：①破产、资不抵债或保护包括雇员在内的债权人的权利；②证券、期货、期权或其他衍生品的发行、买卖或交易；③刑事或刑事犯罪以及追缴犯罪所得；④在为执法或金融监管部门提供必要协助时，对转移进行金融报告或备案；⑤确保遵守司法或行政程序中的裁定、命令或判决；⑥税收；⑦社会保险、公共退休金、养老金、强制储蓄计划或提供退休金或类似退休福利的其他安排；⑧雇员的遣散费；⑨该缔约方中央银行和其他主管机关要求的登记和其他手续要求。

第4款规定，本章的任何规定不得影响一缔约方作为国际货币基金组织成员在《国际货币基金协定》及其可能的修正项下的权利和义务，包括采取符合《国际货币基金协定》及其可能的修订的汇兑行动，只要该方不对任何资本交易设置与其在本章中关于此类交易的义务不符的限制，除非该限制是根据第17章第15条（国际收支平衡保障措施）或应国际货币基金组织的要求作出。

从以上规定来看，RCEP 有关投资资本转移的自由化和便利化程度较高，不允许区域内成员设置障碍。但是这种自由化和便利化也是相对的，RCEP 对此进行了例外规定。RCEP 第 17 章第 12 条 "一般例外" 和第 13 条 "安全例外" 条款规定，允许成员以国家安全的理由采取必要措施，对投资转移进行必要限制。

（四）损失补偿与代位规则

RCEP 第 10 章第 11 条的 "损失补偿" 条款规定，对于因武装冲突、内乱或者国家紧急状态使其领土内的投资遭受损失而采取或维持的措施，每一缔约方应当给予另一缔约方投资者或者其涵盖投资不低于在类似情形下给予下列投资者或其投资的待遇：①该缔约方本国的投资者及其投资；②任何其他缔约方或非缔约方投资者及其投资。

RCEP 第 10 章第 11 条的 "代位" 条款规定，如一缔约方或一缔约方指定的机构，根据与一项涵盖投资有关的担保、保险合同或其他形式的补偿，向该缔约方的投资者进行支付，该涵盖投资所在的另一缔约方应当承认关于该涵盖投资的任何权利或诉请的代位或转让。代位或被转让的权利或诉请不得超过该投资者的原有权利或诉请。如一缔约方或其指定的机构已向该缔约方投资者进行了支付，并已接管该投资者的所有权利及诉请，则该投资者不得向涵盖投资所在的另一缔约方主张这些权利或请求，除非该投资者得到该缔约方或该缔约方指定的机构的授权，代表其采取行动。在行使代位权或转让的权利或诉请时，行使此类权利或诉请的缔约方或其指定的机构应当向相关缔约方披露其与投资者达成的诉请安排的覆盖范围。

（五）投资促进与投资便利化

RCEP 使用了专门的条款来阐述具体的投资促进和投资便利化，这是海外投资领域对便利化问题的重要展现，体现了 RCEP 对海外投资便利化问题的重视。

RCEP 第 10 章第 16 条是"投资促进"条款，该条款对投资促进的具体要求进行了阐述。要求缔约方通过以下方式努力提高本地区作为投资地区的认知：①鼓励缔约方间的投资；②在两个或多个缔约方之间组织联合投资促进活动；③促进商业配对活动；④组织和支持举办与投资机会以及投资法律法规和政策相关的各种介绍会和研讨会；⑤就与投资促进有关的其他共同关心的问题进行信息交流。

RCEP 第 10 章第 17 条是专门的"投资便利化"条款，依据该条规定，每一缔约方在遵守其法律法规的前提下，应当努力便利缔约方之间的投资，包括通过：①为各种形式的投资创造必要的环境；②简化其投资申请及批准程序；③促进投资信息的传播，包括投资规则、法律、法规、政策和程序；④设立或维持联络点、一站式投资中心、联络中心或其他实体，向投资者提供帮助和咨询服务，包括提供经营执照和许可方面的便利。

同时要求各缔约方在遵循其法律法规的前提下，第一款第④项下的活动在可能的范围内可以包括帮助任何其他缔约方的投资者和涵盖投资通过以下方式与政府机构友好地解决在其投资活动中产生的投诉或不满：①接收并在可能的情况下适当考虑投资者提出的、与影响其涵盖投资的政府行为有关的投诉；②在可能的范围内提供帮助，以解决投资者在与涵盖投资相关的方面遇到的困难。在遵守其法律法规的前提下，每一缔约方可以在可能的情况下，考虑建立机制，以向解决另一缔约方投资者经常发生问题的相关政府机构提出建议。缔约方应当努力便利其各自主管机关，通过举行会议，交流信息和方法，更好地便利投资。

（六）争端解决规则

RCEP 对区域内的投资或贸易争端解决进行了规定，设立了专家小组和解决争端的程序规则，包括对磋商、斡旋、调解或调停、设立专家组仲裁的基本规定。

RCEP 第 19 章"争端解决"第 8 条、第 11 条规定，在符合下列条件的情况下，起诉方可以通报被诉方，请求设立专家组审查争议事项；除非争端各方另有约定，该专家组应当由 3 名专家组成员组成。

所有专家组成员的任命和提名应当符合以下要求：①具有法律、国际贸易、本协定涵盖的其他事项或者国际贸易协定项下的争端解决的专业知识或经验；②在客观性、可靠性和合理的判断力的基础上严格挑选；③独立于缔约方，并且不与任何缔约方关联或接受任何缔约方的指示；④未以任何身份处理过该事项；⑤向争端各方披露可能引起对他（或她）的独立性或公正性产生合理怀疑的信息；⑥遵守《程序规则》所附的《行为准则》。此外，专家组成员还需要符合以下专业性要求：①具有法律专业知识，包括国际公法、国际贸易以及国际贸易协定项下产生的争端的解决；②是一位资深的政府或非政府个人，包括曾在 WTO 专家组或 WTO 上诉机构或 WTO 秘书处任职，曾讲授或出版国际贸易法或政策著作，或曾担任 WTO 成员高级贸易政策官员的个人。对专家组主席的任职资格进行了专门性规定，需要满足两个条件：①曾在 WTO 专家组或者 WTO 上诉机构任职；②具有与争端中的事项相关的专业知识或经验。

在具体的程序方面，RCEP 第 19 章第 11 条第 5~9 款的具体规定。在设立专家组请求之日起 10 天内，争端各方应当进行磋商，同时考虑争端的事实、技术和法律方面，以便就专家组的组成程序达成一致。如果争端各方自收到设立专家组请求之日起 20 天内未能就专家组的组成程序达成同意，任何争端方可以在其后的任何时间通报另一争端方。起诉方应当在收到通报之日起 10 天内任命 1 名专家组成员。被诉方应当在收到通报之日起 20 天内任命 1 名专家组成员。一争端方应当通报另一争端方其对专家组成员的任命。在依照规定任命专家组成员后，争端各方应当就第 3 名专家组成员的任命达成同意，该第 3 名专家组成员为专家组主席。为协助达成此类同意，每一争端方可以向另一争端方提供一份最多 3 名专家组主席的被提名人名单。如在收到通报之日起 35 天内没有任命任何专家组成员，任何争端方可以在其后的 25 天内，请求 WTO 总干事在提出此类请求之日起的 30 天内任命余下的专家组成员。所提供的被提名人名单也应当提供给 WTO 总干事，并且可以用于做出所请求的任命。WTO 总干事向争端各方通报他（或她）不能履行，或者在根据提出的请求之日起 30 天内没有任命余下的专家组成员，任何争端方可以请求常设仲裁法院秘书长迅速任命余下的专家组成员。所提供的任何被提名人名单也应当提供给常设仲裁法院秘书长，并且可以用于第 12 款项下做出所请求的任命。

专家组应当以协商一致的方式做出裁定和决定，如专家组不能取得一致，可以以多数投票的方式做出裁定和决定。专家组成员可以对未协商一致的事项提出不同意见或单独的意见。报告中专家组成员个人发表的意见应当匿名。专家组的审议应当保密。争端各方和第三方应当仅在专家组邀请时出席会议。

RCEP 第 19 章第 11 条各款对专家组报告进行了规定。依据第 14 款规定，设立的专家组应当自其设立之日起 150 天内向争端各方发布中期报告。在紧急情况下，包括涉及易腐货物的情况，专家组应当努力在其设立之日起 90 天内发布中期报告。依据第 15 款规定，所设立的专家组认为其无法在第 14 款所提及的期限内发布中期报告，其应当向争端各方通报延迟的原因以及其将发布报告的预计期限。任何迟延不得超过 30 天。依据第 16 款规定，一争端方可以在收到中期报告之日起 15 天内向专家组提交对中期报告的书面意见。专家组在考虑争端各方对中期报告提出的任何书面意见后，可以进行其认为适当的任何进一步审查并修改其中期报告。依据第 17 款规定，专家组应当在中期报告发出之日起 30 天内向争端各方发布最终报告。依据第 18 款规定，专家组的中期报告和最终报告应当在该争端各方不在场的情况下起草。依据第 19 款规定，专家组应当在向该争端各方发布最终报告之日起 7 天内向其他缔约方发布最终报告，此后，在遵循保护最终报告所包含的任何保密信息的情况下，一争端方可以使最终报告可公开获得。可见，RCEP 对专家组的工作效率是非常看重的，这对于争端的解决是非常有积极意义的。

二、RCEP 的投资"负面清单"规则

RCEP 引入"准入前国民待遇+负面清单"制度，这也是 RCEP 投资规则达成的最重要成果之一。保留和不符措施条款（第 10 章第 8 条）规定了负面清单的基本纪律，投资保留和不符措施承诺表（协定附件三）列出了各成员方关于投资领域的不符措施清单。

（一）RCEP 投资负面清单的基本规则

一般来说，成员方在 RCEP 协定对其生效后，应给予其他成员方投资者非歧视的待遇，特别是在市场准入方面，除非该成员方在投资负面清单

中做出保留。但是，RCEP 投资领域负面清单还是有自己的基本规则和要求：①RCEP 投资领域的负面清单仅涉及非服务业（包括制造业、农业、林业、渔业、畜牧业及采矿业等），不适用于外国投资者在服务贸易领域的任何投资（包括文化产业、基础设施和其他设施的建设和经营）。有关服务业的保留，列在服务具体承诺表（协定附件二）内。RCEP 要求各缔约方（最不发达国家可自愿确定）列明对服务的具体措施及对服务和投资保留及不符的措施，就国民待遇、市场准入等做出承诺，向其他缔约方发送并在网络上公布列有中央政府级别现行措施的完整的、准确的但无约束力的透明度清单，并在必要时进行更新。RCEP 还对承诺表提交及批准的过渡期期限和程序、承诺表的修改进行了规定①。部分成员（澳大利亚、文莱、日本、韩国、马来西亚和新加坡）采用了服务和投资合一的负面清单模式。②成员方只允许通过负面清单列出本国采取的与投资章节四个义务（国民待遇、最惠国待遇、禁止业绩要求、高级管理人员和董事会）不符的措施，投资章节的其他义务不能通过负面清单进行保留。③RCEP 投资负面清单属于国际协定，并不简单等同于一国的外资准入政策。

（2）RCEP 投资负面清单的类别

RCEP 协定附件三（投资保留和不符措施承诺表）列出了各成员方的投资负面清单。从清单结构上看，各成员方负面清单包括清单一（LIST A）和清单二（LIST B）两个单子，区分清单一和清单二的原因是两个单子适用的规则不同。列入清单一的是现存的不符措施，这些措施在过渡期内适用冻结规则，过渡期满适用棘轮规则，也就是未来自由化水平不可倒退。由此可见，棘轮规则是比冻结规则更严格的纪律，实质含义是成员方承诺列入清单内的外资政策措施不会倒退，为投资者提供更稳定的投资环境和更高水平的保护。根据 RCEP 投资章第 8 条的规定，大部分成员方过渡期为 5 年，最不发达国家和个别成员方豁免适用棘轮规则。此外，为提高透明度，清单一内措施须列出具体的国内法依据。各成员方将一些敏感

---

① 日本、韩国、澳大利亚、新加坡、文莱、马来西亚、印尼 7 个成员采用负面清单方式承诺，我国等其余 8 个成员采用正面清单承诺，并将在本协定生效后 6 年内转化为负面清单。就开放水平而言，15 个成员均做出了高于各自"10+1"自贸协定水平的开放承诺。其中，中国服务贸易开放承诺达到了已有自贸协定的最高水平，承诺开放的服务部门数量在入世承诺约 100 个部门的基础上，新增了研发、管理咨询、制造业相关服务、空运等 22 个部门，并提高了金融、法律、建筑、海运等 37 个部门的承诺水平。其他成员在我国重点关注的建筑、医疗、房地产、金融、运输等服务部门都做出了高水平的开放承诺。

领域列入清单二，保留完全的政策空间。这样的分类方式允许成员方今后在这些领域采取对外资更具限制性的严格措施。

（2）RCEP 投资负面清单的适用解读

在具体的规则适用中，可以依据各成员国的负面清单样式条目来进行解读，本书以我国在 RCEP 附件三（投资保留及不符措施承诺表）中的承诺表清单一条目 1（见表 5-1）为例，进行简要说明。

表 5-1　中国投资保留及不符措施承诺表清单一条目 1

部门	种子产业
政府级别	中央
义务类型	国民待遇（第 10 章第 3 条）
措施描述	1. 外国投资者不得投资中国稀有和特有的珍贵优良品种的研发、养殖、种植以及相关繁殖材料的生产（包括种植业、畜牧业、水产业的优良基因）。 2. 外国投资者不得投资农作物、种畜禽、水产苗种 转基因品种选育及其转基因种子（苗）生产。 3. 外商投资小麦、玉米新品种选育和种子生产须由中方控股
措施来源	《中华人民共和国种子法》（2015 年修正），第 8 条、第 11 条以及第 62 条；《外商投资准入特别管理措施（负面清单）》（2019 年版），第 1 条至第 3 条

如表 5-1 所示，一般来说，清单条目结构上列明了做出保留的措施涉及的行业（sector）、政府级别（level of government）、协定具体义务类型（type of obligation）、对措施的描述（description of measure）和该措施的国内法依据来源（source of measure）。部分成员的负面清单还进一步列明了行业下分部门（subsector）和所属国际标准产业分类（ISIC）。以上述条目为例，我国在清单一中对种子产业做出了保留，该保留适用于中央层级的政府，涉及 RCEP 投资章节的国民待遇条款（即该条目中对措施的具体描述与这两个条款义务不符）；具体的保留措施或限制措施为：①外国投资者不得投资中国稀有和特有的珍贵优良品种的研发、养殖、种植以及相关繁殖材料的生产（包括种植业、畜牧业、水产业的优良基因）；②外国投资者不得投资农作物、种畜禽、水产苗种转基因品种选育及其转基因种子（苗）生产；③外商投资小麦、玉米新品种选育和种子生产须由中方控股。做出这些限制措施的国内法依据有两个方面：①《中华人民共和国种子法》（2015 修正），第 8 条、第 11 条以及第 62 条；②《外商投资准入特别

管理措施（负面清单）》（2019 年版），第 1 条至第 3 条。

通过上面的举例，可以看出 RCEP 投资负面清单大大提高了成员方外资政策的透明度，增强了可预见性，特别是在市场准入方面，为投资者了解成员方外资政策提供了具体的指引。投资者可以通过查询负面清单，较为详细地了解到各成员方在不同行业和领域现行以及将来对外资可能进行限制的各类措施和领域，对投资、科研和决策制定都有很好的参考作用。成员方如在清单以外对投资者采取歧视性的措施，涉嫌违反协定，投资者可以向本国政府反映，寻求在 RCEP 机制框架下解决。

第二节　CPTPP 的海外投资便利化规则与借鉴

CPTPP 是亚太国家组成的自由贸易区，是美国退出跨太平洋伙伴关系协定（trans-pacific partnership agreement，TPP）后该协定的新名字。2017年 11 月 11 日，启动 TPP 谈判的 11 个亚太国家共同发布了一份联合声明，宣布"已经就新的协议达成了基础性的重要共识"，并决定将协定改名为"跨太平洋伙伴关系全面进展协定"。2018 年 3 月 8 日，参与"全面与进步跨太平洋伙伴关系协定"谈判的 11 国代表在智利首都圣地亚哥举行协定签字仪式。2018 年 12 月 30 日，全面与进步跨太平洋伙伴关系协定正式生效。2021 年 9 月 16 日，中国正式提出申请加入全面与进步跨太平洋伙伴关系协定（CPTPP），中国将深度参与绿色低碳、数字经济等国际合作，积极推进加入 CPTPP。CPTPP 协议不仅涵盖了传统区域贸易协定的内容，还纳入了环境、劳工、金融服务和投资等新内容，极大提高了市场准入标准。因此，CPTPP 被认为是高标准、全面的、面向 21 世纪的自由贸易协定，是具有里程碑意义的下一代自由贸易协定的蓝本。

一、CPTPP 投资便利化的文本规定

在 CPTPP 的文本中，投资便利化主要体现在第 9 章，通过专章的形式对投资的相关问题进行了详细的规定。具体内容包含 A 节、B 节、附件 C、附件 D，主要涵盖了投资领域的相关定义、投资范围、待遇规则与标准、征收和补偿、转移、本地要求、投资者—国家间争端解决等方面。虽然没有如同 RCEP 一样采用专门投资便利化条款来进行阐释，但是对投资问题

进行了非常详细的阐述，很多规则体现了投资便利化的导向。

（一）与投资有关的定义

CPTPP 第 9 章"投资"A 节第 9.1 条对相关概念进行了解读，这些概念的解读是非常具体的，有助于对具体概念适用范围的明确化。

"投资"指一投资者直接或间接拥有或控制的具有投资特征的各种资产，此类特征包括资本或其他资源的投入、获得收入或利润的预期或风险的承担等。投资可采取的形式包括：①一企业；②一企业中的股份、股票和其他形式的参股；③债券、无担保债券、其他债务工具和贷款①；④期货、期权和其他衍生品；⑤交钥匙、建设、管理、生产、特许权、收入分成及其他类似合同；⑥知识产权；⑦根据该缔约方法律授予的批准、授权、许可和其他类似权利②；⑧其他有形或无形财产、动产或不动产及相关财产权利，例如租赁、抵押、留置和质押，但投资不包括司法或行政诉讼中的指令或判决。

"投资协议"指一缔约方中央一级政府一主管机关③与一涵盖投资或另一缔约方的投资者之间在本协定生效之日后④缔结和生效的一书面协议⑤，该书面协议创设相互之间的权利和义务，根据第 9.25.2 条（准据法）下的适用法律对双方当事人具有约束力，该涵盖投资或投资者依赖该协议设

---

① 一些形式的债务，例如债券、无担保债券和远期票据更可能具有投资特征，而其他形式的债务，例如由于货物或服务销售而产生的立即到期的支付请求权，则不大可能具有投资特征。一缔约方向另一缔约方提供的贷款不属于投资。

② 一特定类型的批准、授权、许可或类似文件（包括特许权，只要其具有此种文件的性质）是否具有投资特征，取决于根据缔约方的法律持有者享有权利的性质和范围等因素。此类文件中不具有投资特征的是那些不创设受缔约方法律保护的任何权利的文件。为进一步明确，前述规定不影响与此类文件相联系的任何资产是否具有投资特征。

③ 就这一定义而言，"中央一级政府的主管机关"，对于单一制国家，指部级政府机关。部级政府指中央一级政府的政府部门、各部或其他类似机构，但不包括：（a）依照一缔约方的宪法或一特定立法设立的、根据该缔约方法律具有独立于政府部门、各部或其他类似机构的法人地位的政府机关或机构，除非该机关或机构的日常运转受政府部门、各部或其他类似机构指导或控制；或（b）仅在一特定地区或省份行使权力的一政府机关或机构。

④ 在本协定生效之日后缔结和生效的书面协议不包括：依照本协定生效前已缔结和生效的原始协议的规定对协议的展期或延期，且以与原始协议相同或实质相同的条款和条件对协议的展期或延期。

⑤ "书面协议"指双方当事人谈判和签署的书面形式的协议，无论是单个文件还是多个文件。为进一步明确，下列各项不得被视为书面协议：（a）行政或司法机关的单方行为，例如由一缔约方在其监管职权内颁发的许可、执照、授权、证明、批准或类似文件，或给予补贴或赠款，或法令、命令、判决本身；及（b）双方同意的行政或司法法令或命令。

立或获得不同于该书面协议本身的一涵盖投资，且该协议授予该涵盖投资或投资者下列权利：①对于一国家主管机关控制的自然资源，例如石油、天然气、稀土矿物、木材、黄金、铁矿石和其他类似资源①，包括勘探、开采、冶炼、运输、分销或销售；②代表该缔约方提供服务供公众消费——发电或配电、水处理或配送、电信，或代表该缔约方提供类似服务供公众消费②；③承担基础设施项目，例如公路、桥梁、运河、堤坝、管道或其他类似项目的建设，但条件是基础设施，并非专门或主要供政府使用即为政府的利益。

"投资授权"③ 指一缔约方外国投资管理机关④给予另一缔约方的一涵盖投资或投资者的授权。

"非缔约方投资者"，对于一缔约方而言，指试图⑤、正在或已经在该缔约方领土内进行投资但不属于一缔约方的投资者。

"缔约方投资者"指试图、正在或已经在另一缔约方领土内投资的一缔约方或一缔约方的国民或企业。

"投资范围"涵盖一缔约方采取或维持的与下列内容相关的措施：①另一缔约方的投资者；②涵盖投资；③就第 9.10 条（业绩要求）和第 9.16 条（投资与环境、卫生和其他监管目标）而言，该缔约方领土内的所有投资。

（二）投资待遇规则

CPTPP 的 9.4 至 9.7 条，对投资中的国民待遇、最惠国待遇、最低标准待遇、武装冲突或内乱情况下的待遇等规则进行了详细的解读，并对

---

① 为避免疑义，本项不包括关于土地、水或无线电频谱的投资协议。

② 为避免疑义，本项不涵盖惩教服务、卫生服务、教育服务、儿童保育服务、福利服务或其他类似社会服务。

③ 这一定义不包含下列情况：（i）一缔约方为执行普遍适用的法律所采取的行动，例如竞争、环境、卫生或其他监管法律；（ii）非歧视的许可制度；以及（iii）一缔约方授予另一缔约方的一涵盖投资或投资者一特定投资激励或其他利益的决定，该特定激励或其他利益未在外国投资管理机关的投资授权中规定。

④ 就这一定义而言，截至本协定生效之日，"外国投资管理机关"指：（a）对于澳大利亚，澳大利亚联邦财政部长，根据包括《1975 年外国收购与兼并法》在内的澳大利亚外国投资政策；（b）对于加拿大，工业部长，但仅当其根据《加拿大投资法》第 21 节或第 22 节发布通知之时；（c）对于墨西哥，国家外国投资委员会；以及（d）对于新西兰，财政部长、渔业部长或土地信息部长，但仅限于其根据《2005 年海外投资法》作出同意的决定的情况。

⑤ 缔约方理解，就"非缔约方投资者"和"缔约方投资者"的定义而言，如投资者已采取一项或多项进行投资的具体行动，例如为设立一商业而引入资源或资金，或申请许可或执照，则该投资者应被视为"试图"投资。

有的待遇适用情形进行了特殊说明，具有创新意义。具体如下：

CPTPP 第 9.4 条"国民待遇"① 规定：①每一缔约方在设立、获得、扩大、管理、经营、运营、出售或以其他方式处置在其领土内的投资方面给予另一缔约方投资者的待遇不得低于在相似情况下该缔约方给予本国投资者的待遇。②每一缔约方在设立、获得、扩大、管理、经营、运营、出售或以其他方式处置投资方面给予涵盖投资的待遇不得低于在相似情况下该缔约方给予本国投资者在其领土内投资的待遇。③为进一步明确，一缔约方根据第（1）款和第（2）款所给予的待遇，对于一地区政府，指不低于该地区政府在相似情况下给予其作为一部分的该缔约方的投资者或投资者的投资的最优惠待遇。

CPTPP 第 9.5 条"最惠国待遇"规定：①每一缔约方在设立、获得、扩大、管理、经营、运营、出售或以其他方式处置在其领土内投资方面给予另一缔约方的投资者的待遇不得低于在相似情况下该缔约方给予任何其他缔约方或任何非缔约方的投资者的待遇。②每一缔约方在设立、获得、扩大、管理、经营、运营、出售或以其他方式处置投资方面给予涵盖投资的待遇不得低于在相似情况下该缔约方给予任何其他缔约方或任何非缔约方的投资者在其领土内投资的待遇。③为进一步明确，本条中所指的待遇不包括国际争端解决程序或机制，例如 CPTPP 第 9 章 B 节（投资者—国家间争端解决）所包括的程序或机制。

CPTPP 第 9.6 条"最低标准待遇"② 规定：①每一缔约方应依照适用的习惯国际法原则给予涵盖投资包括公平公正待遇及充分保护和安全在内的待遇。②为进一步明确，第 1 款规定将习惯国际法中给予外国人的最低标准待遇作为给予涵盖投资的标准待遇。"公平公正待遇"和"充分保护和安全"的概念不要求缔约方给予额外的或超出该标准所要求的待遇，且不创设额外的实体权利。第 1 款中的义务要求提供：（a）"公平公正待遇"包括依照世界主要法律制度中所包含的正当程序原则，在刑事、民事或行政裁决程序中不拒绝司法的义务；及（b）"充分保护和安全"要求每一缔约方提供习惯国际法所要求的治安保护水平。③关于存在违反本协定另一条款或另一单独国际协定的确定并不能证明违反本条的情况存在。④为进

---

① 为进一步明确，待遇是否根据第 9.4 条（国民待遇）或第 9.5 条（最惠国待遇）在"相似情况"下给予取决于整体情况，包括相关待遇是否根据合法公共福利目标对投资者或投资加以区分。

② 第 9.6 条（最低标准待遇）应依照附件 9-A（习惯国际法）加以解释。

一步明确，一缔约方采取或未能采取可能不符合投资者期待的一行动的事实本身不构成对本条的违反，即使涵盖投资因此受到损失或损害。⑤为进一步明确，一缔约方未发放、继续发放或维持一项补贴或赠款，或修改或减少该补贴或赠款的事实本身不构成对本条的违反，即使涵盖投资因此受到损失或损害。

CPTPP 第 9.7 条 "武装冲突或内乱情况下的待遇" 对特殊情况下的投资待遇进行了解读，体现了缔约者对海外投资者保护的规则完善。依据该条规定，每一缔约方在采取或维持与其领土内的武装冲突或内乱而使投资所遭受损失相关的措施方面，应给予另一缔约方的投资者和涵盖投资非歧视待遇①。但一缔约方在下列原因在另一缔约方领土内遭受损失：①涵盖投资全部或部分被后一缔约方的军队或政府征用；②涵盖投资全部或部分被后一缔约方的军队或政府在并非情势所必需的情况下破坏，另一缔约方针对该损失向投资者恢复原状或进行赔偿，或酌情同时恢复原状和进行赔偿。

（三）征收和补偿规则

CPTPP 第 9.8 条对 "征收和补偿" 的相关问题进行了明确的规定，并通过详细的文本注释对相关规则进行了解读，其基本规则的宗旨还是减少或限制东道国对投资者实施征收，保护投资者的利益，对投资者应当提供更多的便利化需求。具体规则如下：

（1）任何缔约方对一涵盖投资不得直接征收或实行国有化，或通过等同于征收和实行国有化的措施间接征收或实行国有化，除非符合下列条件：①为公共目的②；②以非歧视的方式进行；③依照第 2 款、第 3 款和第 4 款支付及时、充分和有效的补偿；④根据正当法律程序进行。

（2）补偿应：①无迟延支付；②等同于紧接征收发生前（征收之日）被征收投资的公平市场价值；③不反映因征收意图提前公开而发生的任何

---

① 本款不得适用于与补贴或赠款相关的现行措施，如无第 9.12.6 条（b）项（不符措施），此类措施即与第 9.4 条（国民待遇）不一致。

② 为进一步明确，就本条而言，"公共目的" 一词指习惯国际法中的一概念。国内法可能使用不同的词语来表达这一概念或类似概念，例如 "公共需要" "公共利益" 或 "公共使用" 等。为避免疑义：（i）如文莱是进行征收的缔约方，则自本协定对其生效之日起，其与土地相关的任何直接征收措施应符合其《土地法》（第 40 章）和《土地收购法》（第 4 章）中所列目的；及（ii）如马来西亚是进行征收的缔约方，则自本协定对其生效之日起，其与土地相关的任何直接征收措施应符合《1960 年土地收购法》、沙巴州《1950 年土地收购法令》和砂拉越州《1958 年土地法典》中所列目的。

价值变化；④可全部变现并可自由转移。

（3）如公平市场价值以可自由使用货币计价，则支付的补偿不得低于征收之日的公平市场价值，另加上该货币合理商业利率计算的征收之日至付款之日产生的利息。

（4）如公平市场价值以不可自由使用货币计价，则以付款之日市场汇率转换为支付货币的支付的补偿不得低于根据当日市场汇率转换为可自由使用货币的征收之日的公平市场价值；另加上该可自由使用货币的合理商业利率计算的征收之日至付款之日产生的利息。

（5）本条不适用于依照《TRIPS 协定》对一知识产权颁发强制许可，也不适用于知识产权的撤销、限制或创设，只要颁发、撤销、限制或创设符合第18章（知识产权）和《TRIPS 协定》①。

（6）为进一步明确，一缔约方关于不发放、继续发放或维持一补贴或赠款的决定，或关于修改或减少一补贴或赠款的决定为：①在法律或合同项下无关于发放、继续发放或维持该补贴或赠款的任何具体承诺的情况下做出；②依照该补贴或赠款的发放、继续发放、修改、减少和维持所附任何条款或条件做出，则单独该决定本身不构成征收。

（四）投资转移规则

CPTPP 第9.9条对投资转移进行了具体规定，强调了投资相关的所有转移的自由化价值取向，规则所涵盖的范围也是非常广泛，具体体现了对投资者投资的便利化要求。具体规则如下：

（1）每一缔约方应允许与涵盖投资相关的所有转移可自由进出其领土且无迟延。此类转移包括：①资本出资②；②利润、股息、利息、资本收益、特许权使用费、管理费、技术指导费和其他费用；③全部或部分出售涵盖投资所得，全部或部分清算涵盖投资所得；④根据一合同所付款项，包括贷款协议；⑤根据第9.7条（武装冲突或内乱情况下的待遇）和第9.8条（征收和补偿）所付款项；⑥一争端产生的款项。

（2）每一缔约方应允许与一涵盖投资相关的转移以按转移之时市场汇率换算的可自由使用货币进行。

（3）每一缔约方应允许按一缔约方与一涵盖投资或与另一缔约方的投

_____

① 为进一步明确，缔约方认识到，就本条而言，知识产权的"撤销"一词包括注销这些权利或使这些权利无效，知识产权的"限制"一词包括这些权利的例外。

② 为进一步明确，资本出资包括初始出资。

资者的书面协议中所授权或规定的提供与一涵盖投资相关的实物回报。

（4）尽管有第1款、第2款和第3款，但是一缔约方可对下列情况通过公正、非歧视和善意适用其法律①以阻止或延迟转移：①破产、无力偿还债务或保护债权人的权利；②证券、期货、期权或衍生品的发行、买卖或交易；③刑事或刑事犯罪；④在为协助执法或金融监管机关认为必要时对转移进行财务报告或记录；⑤保证司法或行政程序的命令或判决得以遵守。

（5）尽管有第3款，但是在一缔约方在其他情况下本可限制根据本协定进行的此类转移时，包括第4款中所列情况，该缔约方可限制实物回报的转移。

（五）业绩要求规则

CPTPP第9.10条对投资的业绩要求进行了规定，内容详细，规则全面具体，并进行了一定的文本注释，有助于本规则的具体操作与实施，展现了很高的规则制定水平。其规则本身体现出对投资便利化的基本需求，具有很强烈的投资规则自由化色彩。具体如下：

（1）任何缔约方对于一缔约方或一非缔约方的投资者在其领土内的投资的设立、获得、扩大、管理、经营、运营、出售或其他处置方面，不得施加或强制执行任何要求，或强制要求做出任何承诺或保证，包括②：①出口达到一指定水平或比例的货物或服务；②当地含量达到一指定水平或比例；③购买、使用其领土内生产的货物，或给予此类货物优惠，或要求自己领土内的人购买货物；④以任何方式将进口量或进口额与出口量或出口额或与该投资有关的外汇流入金额相关联；⑤通过以任何方式将该投资生产或提供的货物或服务与其出口量或出口额或外汇收入相关联，限制此类货物或服务在其领土内的销售；⑥要求向其领土内的人转让一特定技术、一生产工序或其他专有知识；⑦要求仅可自该缔约方领土向一特定地区市场或向世界市场供应该投资所生产的货物或提供的服务；⑧（i）要求在其领土内购买、使用该缔约方或该缔约方的人的技术③，或给予此种技术优

---

① 为进一步明确，本条不阻止公正、非歧视和善意适用一缔约方与社会保障、公共退休或强制储蓄计划相关的法律。

② 为进一步明确，第2款中所指的获得或继续获得一优惠的条件不构成就第1款而言的"要求"或"承诺或保证"。

③ 就本条而言，"该缔约方或该缔约方的人的技术"的措辞包括由该缔约方或该缔约方的人所拥有的技术，及该缔约方或该缔约方的人拥有独占许可的技术。

惠；或（ii）要求在其领土内阻止购买或使用一特定技术，或阻止给予该特定技术优惠；或（i）对于在施加或强制执行该要求时或强制执行任何承诺或以保证时已存在的任何许可合同，或该投资者与该缔约方领土内的人自由达成的任何未来许可合同①，要求采用：（i）一许可合同下特许权使用费的指定费率或金额；或（ii）一许可合同的指定期限，只要施加该要求或强制执行该承诺或保证的方式构成一缔约方在行使非司法性质的政府职权时对该许可合同的直接干预。为进一步明确，如许可合同在投资者与一缔约方之间订立，则第 1 款（i）项不适用。

（2）任何缔约方对于一缔约方或一非缔约方的投资者在其领土内的投资的设立、获得、扩大、管理、经营、运营、出售或其他处置方面，不得将遵守下列任何要求作为获得或继续获得一优惠的条件：①当地含量达到一指定水平或比例；②购买、使用其领土内生产的货物，或给予此类货物优惠，或向其领土内的人购买货物；③以任何方式将进口量或进口额与出口量或出口额或与该投资有关的外汇流入金额相关联；④通过以任何方式将该投资生产或提供的货物或服务与其出口量或出口额或外汇收入相关联，限制此类货物或服务在其领土内的销售。

（3）①第 2 款中任何内容不得解释为阻止一缔约方将遵守在其领土内确定生产地点、提供服务、培训或雇佣员工、建设或扩大特定设施、开展研发的要求作为一缔约方或一非缔约方的投资者在该缔约方领土内的投资获得或继续获得一优惠的条件。②第 1 款（f）项、第 1 款（h）项和第 1 款（i）项不得适用于：（i）如一缔约方依照《TRIPS 协定》第 31 条 26②授权使用一知识产权，或对于要求披露属《TRIPS 协定》第 39 条范围内的专有信息且符合该条的措施；或（ii）如该要求由法院、行政法庭或竞争主管机关施加，或承诺或保护由上述机关强制执行，用以纠正一项根据该缔约方竞争法经司法或行政程序确定为反竞争行为的做法③。③如该要求由一法庭施加或该承诺或保证由一法庭强制执行，以此作为根据该缔约方著作权法律的合理的报酬，则第 1 款（i）项不得适用。④只要此类措施

---

① 本项中所指的"许可合同"指与技术、生产工序或其他专有知识的许可有关的任何合同。

② 所提及的"第 31 条"包括为实施《TRIPS 协定与公共健康多哈宣言》第 6 段而对《TRIPS 协定》所作的任何豁免或修正。

③ 缔约方认识到专利并不必然授予市场支配力。对于文莱，在本协定对其生效后的 10 年期限内或直至其设立一个或多个竞争执法机关为止，以在先者为准，所提及的"该缔约方竞争法"包括竞争法规。

不以任意或不合理的方式实施，或不构成对国际贸易或投资的变相限制，则第1款（b）项、第1款（c）项、第1款（f）项、第2款（a）项和第2款（b）项不得解释为阻止一缔约方采取或维持下列措施，包括环境措施：（i）保证遵守不与本协定相抵触的法律法规所必需的措施；（ii）保护人类、动植或植物的生命或健康所必需的措施；或（iii）与保护生物或非生物的可用尽自然资源相关的措施。⑤第1款（a）项、第1款（b）项、第1款（c）项、第2款（a）项和第2款（b）项不得适用于与出口促进和对外援助计划相关的货物或服务的资格要求。⑥第1款（b）项、第1款（c）项、第1款（f）项、第1款（g）项、第1款（h）项、第1款（i）项、第2款（a）项和第2款（b）项不得适用于政府采购。⑦第2款（a）项和第2款（b）项不得适用于由一进口缔约方对获得优惠关税或优惠配额资格所必需的货物成分施加的要求。⑧第1款（h）项和第1款（i）项不得解释为阻止一缔约方采取或维持保护合法公共福利目标的措施，只要此类措施不以任意或不合理的方式适用，或不构成对国际贸易或投资的变相限制。

（4）为进一步明确，第1款中任何内容不得解释为阻止一缔约方，对于一缔约方或一非缔约方的投资者在其领土内的投资的设立、获得、扩大、管理、经营、运营、出售或其他处置，施加或强制执行一要求或强制执行一承诺或保证，以雇佣或培训其领土内的工人，只要该雇佣或培训不要求将一特定技术、生产工序或其他专有知识转让给其领土内的人。

（5）为进一步明确，第1款和第2款不得适用于该两款中所列之外的任何其他承诺、保证或要求。

（6）本条不阻止履行私人当事人之间的任何承诺、保证或要求，如一缔约方未施加或要求该承诺、保证或要求。国际贸易或投资的变相限制。

（六）争端解决规则

CPTPP第9章"投资"专章B节是"投资者—国家间争端解决"的相关条款规则，从第9.18条至第9.30条，CPTPP用了13条规则来阐释协议下的争端解决问题，无论是规则的篇幅，还是内容的完整性，都体现了CPTPP对投资过程中出现的纠纷解决机制的重视，这些规则堪称当代自贸协定中对投资争端解决规定最详尽的文本。具体如下：

（1）磋商和谈判机制。依据CPTPP第9.18条规定，磋商和谈判是必经程序，可包括使用无约束力的第三方程序，如斡旋、调解或调停。根据第 9.18 条第 2 款规定，提出书面磋商请求后，需要在 6 个月内解决争端，否则该程序结束。但这种磋商和谈判程序的启动，不能视为承认了仲裁庭的管辖权。

（2）仲裁请求程序。如果在规定时间内磋商和谈判未能解决争端，则申请人可以提交书面的仲裁请求，并应以书面形式向被申请人递送关于其提交仲裁请求意向的通知。依据第 9.19 条规定，申请人可以以自己的名义，也可代表其直接或间接拥有或控制的具有法人资格的被申请人的一企业。申请的理由主要包括：①被申请人已经违反：（A）A 节下一义务（B）一投资授权①；或（C）一投资协议；②由于此项违反或源于此项违反导致申请人遭受损失或损害。同时规定了被申请人反诉的权利，第 9.19 条第 2 款规定，如申请人根据第 1 款（a）项（i）目（B）子目、第 1 款（a）项（i）目（C）子目、第 1 款（b）项（i）目（B）子目或第 1 款（b）项（i）目（C）子目提交一请求时，被申请人可提出与该请求的事实和法律根据有关的反诉或依赖一请求以达到抵销该申请人的目的②。对申请所能提交的机构，CPTPP 采取了较为传统的形式，包括：① ICSID 公约和 ICSID 仲裁程序规则，条件是被申请人和申请人所属缔约方均为 ICSID 公约缔约方；② ICSID 附加便利规则，条件是被申请人或申请人所属缔约方其中之一为 ICSID 公约缔约方；③ UNCITRAL 仲裁规则；④如申请人和被申请人同意，则向任何其他仲裁机构或根据任何其他仲裁规则提出。但是依据第 9.21 条规定，如自申请人首次获知或应首次获知根据第 9.19 条第 1 款（提交仲裁请求）指控的违反行为，并获知申请人（对于根据第 9.19 条第 1 款（a）项提出的请求）或企业（对于根据第 9.19 条第 1 款（b）项提出的请求）已遭受损失或损害之日起已过去 3 年零 6 个月以上，则申请人失去了提交仲裁的时效，不能请求将任何投资争议提交仲裁。

（3）仲裁员的选择。CPTPP 第 9.22 条对该问题进行了非常详细的规定，其基本规则与其他很多自贸协定的规则有相似之处，规则的主要价值追求仍然是公平和公正，让仲裁庭在仲裁过程中保持独立性。在仲裁庭的

---

① 在不损害申请人根据本条将其他请求提交仲裁的权利的情况下，申请人不得根据（a）项（i）目（B）子目或（b）项（i）目（B）子目提交仲裁请求，声称附件 9-H 所涵盖的一缔约方因强制执行据以授予一投资授权的条件或要求而已违反该投资授权。

② 对于投资授权，本款仅在该投资授权，包括在授予该授权之日后执行的文件，为争端双方创设权利和义务的限度内适用。

组成方面，允许当事人进行协商，如果没有协商，仲裁庭应由 3 名仲裁员组成，每一争端方指定一名仲裁员，第三名仲裁员应经争端双方同意指定并担任首席仲裁员①。在仲裁庭的组成方面，赋予了秘书长一定的自由裁量权。即仲裁庭在根据本节提交仲裁请求之日后 75 天内仍未组成，则应争端一方请求，秘书长应指定尚未指定的一名或多名仲裁员。而对于仲裁员的职业素养要求，CPTPP 规定比较简洁，要求具有相关准据法的专门知识或相关经验。仲裁员除应遵守关于仲裁员独立性和公正性的适用仲裁规则之外，还应就其他相关规则或指南对国际仲裁中的利益冲突的适用问题提供相关规则的指导。

（4）仲裁的进行。CPTPP 第 9.23 条对仲裁的进行进行了相应的规定，涉及详细的过程。关于仲裁的地点，允许争端双方当事人选择确定。如双方未能达成一致，则仲裁庭应依照适用的仲裁规则确定该地点，条件是该地点应位于一属《纽约公约》缔约方的国家领土内。审理过程中，允许非争端缔约方就本协定的解释向仲裁庭提交口头和书面陈述。在与争端双方进行磋商后，仲裁庭可接受和考虑由不属争端方但对仲裁程序具有实质利益的人或实体就争端范围内的事实或法律事项提交的、可协助仲裁庭评估争端双方陈述和观点的法庭之友书面陈述。对于仲裁裁决的做出，CPTPP 进行了明确的规定，并体现了仲裁裁决的高效性。依据规定，应争端一方请求，仲裁庭在发布一项关于责任的决定或裁决之前，应向争端双方传送拟议决定或裁决。在仲裁庭传送其拟议决定或裁决后 60 天内，争端双方可向仲裁庭提交关于其对拟议决定或裁决任何方面的书面评论。仲裁庭应当对所有的评论予以合理考虑，并不迟于 60 天评论期，期满后 45 天发布其决定或裁决。

（5）仲裁程序透明度的问题。透明度的问题成为晚近投资领域中的一个基本法律问题，体现了各国对投资规则顺利运行与规则平等的强烈渴望。CPTPP 第 9.24 条对仲裁透明度进行了详细的阐述，主要对仲裁程序进行中的文件、听证会、披露信息与受保护信息等问题进行了规定。具体而言，被申请人在收到下列文件后，应迅速将文件传送非争端缔约方，并使公众可获得，包括意向通知、仲裁通知、提交的诉状、备忘录和摘要、

---

① 秘书长不得指定被申请人的国民或申请人所属缔约方的国民担任首席仲裁员，除非争端双方另有议定。

书面陈述、仲裁庭庭审记录或笔录、仲裁庭的命令、裁决和决定等。仲裁庭应举行向公众开放的听证会，并应经与争端双方磋商后确定适当的行政安排；对相关信息应当予以披露，如果属于受保护的信息，仲裁庭应做出适当安排以保护该信息不被披露，其中可包括听证会讨论该信息的过程不对外公开。

（七）其他规则

CPTPP 第 9.25 条至 9.30 条，主要对仲裁确定和适用准据法、附件的解释、专家报告、合并审理、具体裁决、文件送达等问题进行了详细的规定。总体而言，这些规则的制定是非常详细的，基本考虑到了仲裁需要的所有问题。

二、CPTPP 的投资"负面清单"规则

（一）附录Ⅰ和附录Ⅱ的行业负面清单

CPTPP 在投资领域的行业清单主要体现在附录Ⅰ和附录Ⅱ中，这两个附件与投资相关的负面清单数目、实施和具体做法，显示了 CPTPP 在开放模式上彻底采用了负面清单模式，与以往的自贸协定截然不同。具体如下：

（1）附录Ⅰ。整体而言，CPTPP 中的发达成员在附录Ⅰ中的行业负面清单数量较少，而经济欠发达成员的行业负面清单数目较多。在成员的国内法规方面，发达成员的法规设计较为完善，但实际操作可能反而会带来很多障碍；欠发达成员的国内法规相对简单，立法层级不高，虽然透明度较差且相对简单粗暴，但实际过程中并不会出现太大阻碍。在具体的行业负面清单中，大部分是基础设施行业①、广播电视和影视行业、资源能源采掘业、核工业、农林渔业、私人教育和医疗卫生行业、军火等特定商品的批发零售和部分专业服务业、商业服务行业等。针对这些行业所采用的具体措施也主要是在并购或投资规模、投资比例、行业、企业性质（国有企业）设定审查门槛，或者对特定行业的投资设定股比限制、企业组织形式限制、金融融资限制等②。

（2）附录Ⅱ。附录Ⅱ的模式基本情况与附录Ⅰ相似，发达成员列出的行业和法规较少，所涉措施多为透明度较高但设计复杂精巧的法律法规；

---

① 如交通运输、电网、电信等。

② 王芳. CPTPP 投资规则对中国外资政策的启示 [J]. 区域与全球发展，2018（2）：149.

发展中成员所列的行业和法规较多。同时，附录Ⅱ所涉行业和领域主要包括土地交易、少数民族和原住民事务、国有企业的初次转让或出售、社会公共服务事务、新闻出版行业、广播电视行业、文化艺术产业、初等和中等教育、饮用水供应、交通运输业、博彩业等，CPTPP 各成员国在这些行业以及各国特定的例外行业中拥有完全的自由裁量权，所制定政策措施可以不受 CPTPP 的投资规则限制①。

（二）投资专章中的负面清单

CPTPP 投资专章的附件 9-F、附件 9-H、附件 9-I、附件 9-J、附件 9-K、附件 9-L 等，对一些成员在投资领域的法规政策或文本规则适用进行了保留，明确了相关情形的不适用，被视为该领域或情形的负面清单。

如在附件 9-H 中，澳大利亚、新西兰根据外国投资政策做出的关于是否批准一外国投资建议的决定，不得受第 9 章 B 节（投资者—国家间争端解决）或第 28 章（争端解决）下的争端解决的约束。而加拿大也有类似的保留，在根据《加拿大投资法》进行审查后做出的关于是否允许一项需经审查的投资的决定，不得受第 9 章 B 节（投资者—国家间争端解决）或第 28 章（争端解决）下的争端解决的约束。墨西哥外国投资国家委员会在根据附录 I-墨西哥-条目 6 进行审查之后做出的关于是否允许一项需经审查的并购的决定，不得受 9 章 B 节（投资者—国家间争端解决）或第 28 章（争端解决）下的争端解决的约束。

在附件 9-I 不符措施棘轮机制的规定中，越南对第 9.4 条（国民待遇）、第 9.5 条（最惠国待遇）、第 9.10 条（业绩要求）和第 9.11 条（高级管理人员和董事会）不得适用于对第 9.12.1 条（a）项（不符措施）中所指任何不符措施的修正，均可以在协定对其生效之日后 3 年内进行。

在附件 9-J 中，智利、墨西哥、秘鲁和越南对提交仲裁请求进行了保留，一缔约方的一投资者不得将下列关于违反第 9 章 A 节的相关义务②请求根据 9 章 B 节（投资者—国家间争端解决）提交仲裁；并进一步规定，如一缔约方的一投资者选择将前述类型的请求提交智利、墨西哥、秘鲁或

---

① 王芳. CPTPP 投资规则对中国外资政策的启示 [J]. 区域与全球发展，2018（2）：150.

② 包括：（a）根据第 9.19.1 条（a）项（提交仲裁请求）以自身名义提交；或（b）根据第 9.19.1 条（b）项（提交仲裁请求）代表该投资者直接或间接拥有或控制的、具有法人资格的智利、墨西哥、秘鲁或越南的一企业提交，如该投资者或该企业在智利、墨西哥、秘鲁或越南的一法院或行政法庭的诉讼程序中已对违反 A 节下一义务的行为提出指控。

越南的一法院或行政法庭，则该选择应是最终的和排他性的，且该投资者此后不得根据第 9 章 B 节（投资者—国家间争端解决）将该请求提交仲裁。

在附件 9-K 中规定，对马来西亚生效之日起 3 年期限内，马来西亚不同意将关于马来西亚已违反与一涵盖投资签订的低于规定合同金额①的政府采购合同的请求提交仲裁。

在附件 9-L 中，墨西哥对仲裁的同意进行了限制。在不损害申请人根据第 9.19 条（提交仲裁请求）提交其他请求的权利的前提下，如申请人根据第 9.19.1 条（a）项（i）目（C）子目或第 9.19.1 条（b）项（i）目（C）子目针对主管机关相关行为所提交仲裁的请求将与相关法律②不符，则墨西哥不同意将任何此类请求提交仲裁。

从 CPTPP 投资负面清单的规则来看，确实给外商投资者创造了一个更加安全、公平和自由的投资环境。与很多自贸协定的投资规则相比，更多体现出了对投资者的保护，对东道国的法规政策进行了很大的空间压缩。但是，通过全面实施负面清单的规则方式，赋予了不同发展水平国家在行业、政策法规方面保有相当的灵活性，从而维护自身的政策自主选择权。

第三节　完善"一带一路"倡议下海外投资便利化规则的构想

要进一步促进"一带一路"区域投资便利化的发展，需从如何构建规则体系的角度来思考便利化问题。具体而言，既可从具体文本规则的视角，也可以从目前对投资自由化和便利化的清单形式来设立相关机制，从而站在规则治理的视角来推动"一带一路"区域投资便利化的深入和持续发展。作为当前自贸协定发展的最新和最典型代表，RCEP 和 CPTPP 的相

---

① 本协定规定合同金额为：（a）对于货物，150 万特别提款权；（b）对于服务，200 万特别提款权；以及（c）对于工程，6 300 万特别提款权。

② （a）《碳氢化合物法》，第 20 条和第 21 条；（b）《公共工程及相关服务法》，第 98 条第 2 款；（c）《公私合作法》，第 139 条第 3 款；（d）《道路、桥梁和联邦汽车承运人法》，第 80 条；（e）《港口法》，第 3 条第 2 款；（f）《机场法》，第 3 条第 2 款；（g）《铁路服务监管法》，第 4 条第 2 款；（h）《沿海商业和航运法》，第 264 条第 2 款；（i）《民用航空法》，第 3 条第 2 款；以及（j）《墨西哥合众国政治组成法》，第 28 条第 20 款第 7 项，以及《联邦电信和广播法》，第 312 条，但条件是（a）项至（i）项中所指规定的适用不得用作拒不履行或违反投资协议的变相手段。

关文本规则可以为构建"一带一路"区域投资便利化文本规则提供参考。

一、"一带一路"区域投资便利化的文本规则构想

(一)"目标"条款

在投资规则体系中明确区域内投资的基本价值取向和要实现的目标,考虑到成员众多,基本情况差异性大,可以渐进的方式来确定目标。在"一带一路"区域投资便利化规则设置中,可以明确规定建立一个自由开放的投资区域体制,应保护投资者及其投资,为了提高透明度和可预测性的投资规则、规章和程序,有利于增加"一带一路"沿线国家之间的投资。

(二)"适用范围"和"定义"条款

可以明确规定投资行业类别,如工业、农业、渔业、林业、相关服务业。在行业范围的界定中,应当在大的行业类型中具体化细分的行业。在"一带一路"区域投资便利化规则设置中,对"投资""投资者""法人""自然人""成员"等内容进行具体的界定,在文本规则的界定中,应当对投资的形式做具体限定,应当将司法、行政行为或仲裁程序中的命令、裁决等形式排除在"投资"的范围之外,并明确投资或再投资资产发生任何形式上的变化,不得影响其作为投资的性质。

(三)"国民待遇"条款

"国民待遇"条款属于投资便利化领域的基础性条款,在投资规则体系发展的历程中占据重要地位,也是投资者在从事海外投资过程中得到的基本待遇要求。在"一带一路"区域投资便利化规则设置中,基本规定可以为:在投资、收购、扩张、管理、计划经营、经营和出售或其他投资处置时,一缔约方给予另一方投资者的待遇,在相同情况下,应该不低于给予本国投资者的待遇,也不得低于给予第三方投资者的待遇。东道国不得要求另一方投资者因其国籍在担任公司董事或股东资格上应持有最低水平的股票,也不得因国籍问题要求另一方投资者出售或以其他方式处置其投资者。可以规定不允许对投资事项进行身份限制,使本国公民和外国公民拥有相同的投资法律地位。

(四)"最惠国待遇"条款

"最惠国待遇"条款也是海外投资中的基础条款,沿线国家可依照适用的习惯国际法原则给予涵盖投资的最惠国待遇。在"一带一路"区域投

资便利化规则设置中，基本规定可以为：要求投资、收购、扩张、管理、计划经营、经营和出售或其他投资处置时，一方给予另一方的待遇在相同情况下，应不低于给予第三方的待遇。一方给予另一方投资者和投资待遇，在国民待遇和最惠国待遇同时存在时，应当采取更为优惠的待遇。当然，也可以规定"保留"规则，即一成员可以与另一成员协商，修改提案或者保留条款，但不应该损害现有投资及投资者利益。

（五）"投资转移与例外"条款

作为海外投资中的重要条款，投资者对其投资与收益的自由专业是十分重要的。沿线国家应允许与涵盖投资相关的所有转移可自由进出其领土且无迟延，对转移的范围，可以包括：资本出资；利润、股息、利息、资本收益、特许权使用费、管理费、技术指导费和其他费用；全部或部分出售涵盖投资所得，或全部或部分清算涵盖投资所得；合同所付款项等。基本措施可以规定为：每一方都应允许他方在该国的投资可自由移动且不被延迟；每一方应允许可自由使用货币在市场汇率盛行之日与现货交易的货币转移；任何方不可以要求它的投资者转让收入、盈利、利润或其他大量来自或归于另一方领土上的投资，或因没有转让而惩罚投资者；东道国可以通过公平、非歧视和其诚信法律的应用来防止货币等转移。有关投资资本转移的自由化和便利化程度较高，一般不允许区域内成员设置障碍。但也应当作出例外规定，出于国家利益、社会公共利益或国家安全，允许成员以国家安全的理由采取必要措施，对投资转移进行必要限制。

（六）"透明度"条款

在近年签订的自贸协定中，对透明度问题的阐释是越来越详细，各方对透明度规则越来越重视。在"一带一路"区域投资便利化规则设置中，各方应尽可能地为所有利害关系人提供任何通用的应用措施，以便利害关系人有机会评估这些措施。要求各方在采取一些措施或行动时，必须遵守透明度要求，尽到提前告知利害关系人的义务，以便相关当事方能及时应对。并对申请金融服务的程序进行了规定，通过严格程序，减少各方在投资等领域的障碍，促进区域内的投资与贸易便利化。

（七）"征收和补偿"条款

征收及其补偿问题历来是海外投资过程中所面临的焦点问题，采取怎样的征收和补偿规则，将会对沿线国家之间的投资发展带来重要影响。对此，在"一带一路"区域投资便利化规则中可以规定，为了公共使用、公共目的或公共利益，东道国有权对缔约国投资进行征收、实施国有化，但必须按照正当的法律程序，在不予歧视并给予充分补偿的基础上，方可实施征收或国有化。补偿的基本原则可以规定为适当、及时、有效。

（八）"代位"条款

作为海外投资规则中的重要条款，代位权的具体阐释，将会对保护投资者利益产生重要影响，也会促进和保障"一带一路"国家间的投资便利化。在"一带一路"区域投资便利化规则中可以专门设置代位求偿问题，对保障投资者利益与维护东道国权益都进行阐释，对实现代位求偿的基本条件和程序进行详细规定，并适当考虑东道国的国家利益与投资者利益的平衡问题。具体规则方面，可以考虑规定为：如一缔约方或该缔约方指定的任何机关、机构、法定机构或公司根据其所签订的与一涵盖投资有关的担保、保险合同或其他形式的补偿协议向该缔约方的一投资者进行支付，则该涵盖投资所在领土所属另一缔约方应承认任何权利的代位或转让，而该权利为该投资者对于涵盖投资范围内不属于代位者本应享有的权利，且该投资者不得在代位的限度内寻求这些权利。同时，在行使代位权或转让的权利或诉请时，行使此类权利或诉请的缔约方或其指定的机构应当向相关缔约方披露其与投资者达成的诉请安排的覆盖范围。

（九）"争端解决"条款

争端解决问题也属于海外投资便利化规则必须考虑的问题，完善的争端解决程序可以很好地促进海外投资的顺利发展。对此，我国可以对争端中的相关定义、适用范围、调解与协商、投资者索赔、提交索赔、提交索赔的限制及条件、仲裁员的选择、仲裁员的资格、仲裁的实施、案件的整合、专家报告、仲裁程序的透明性、适用的法律、仲裁裁决、文件的发送等进行规定；对给予投资者权利和实现投资便利化进行明确化。争端解决机制强调各方的合作精神，各方在对待协定的具体解释与适用等问题时，应当基于合作精神形成一致意见，通过合作协商路径来形成解决分歧的具体方案。

二、"一带一路"倡议下海外投资便利化的负面清单模式设置

（一）负面清单模式设置的作用

就当前投资规则的发展趋势而言，无论是国内自贸区规则，还是国际贸易协定，负面清单模式已然成为设立更高水平投资规则、推动世界投资

便利化水平发展的基本要求。在"一带一路"区域范围内，虽然在经济发展水平、法律制度、金融体系规模、开放程度等方面存在较大差异，但是要推动区域内的经济交往活力，促进资本的快速有效流动，负面清单模式的使用，将更好地契合各国经济发展和自主开放步伐。具体而言，主要有以下几个方面：

1. 负面清单模式能使区域内达成更高开放水平的投资规则

一般而言，正面清单模式更多是通过自下而上的方式进行，主要是通过具体法规的授权来完成投资领域的具体开放，也就是说正面清单是允许一项才能开放一项。而负面清单是自上而下、基于原则的投资开放，只保留必要的、不符合普遍性义务的规定或者措施，其余完全开放。相比而言，正面清单模式的投资开放是容易与现实需要相脱离的，不太容易形成系统化的、便捷性的投资规则，而容易出现碎片性和管道式的开放，而负面清单模式的开放更具系统性和制度性。因此，在正面清单模式下，要价方在进入其他国家的市场时，必须论证要求对方开放市场的合理性，往往比较困难，处于弱势的地位。而在负面清单模式下，要价方通常是权利保留国，也就是向其他国家开放本国市场的一方论证其保留清单上特殊监管措施或者不开放措施的充分理由，因此，更有助于达成高水平开放的协定。就谈判过程而言，负面清单也比正面清单更加容易达成共识。

2. 负面清单模式容易在投资领域自动开拓

依据负面清单模式实施的自贸协定，所秉持的基本理念就是开放、包容和自动适用。自贸协定对所有领域的基本态度都是开放和适用的，只是对负面清单列举出来的部门或领域才不适用。随着区域内经济贸易和投资的发展，如果未来出现新的服务贸易或投资活动，在正面清单模式下，需要重新进行谈判，重新制定相应的监管规则，重新制定清单；而负面清单模式能够确保开放精神和理念自动应用到新业务中，使现行的清单和监管制度适用于未来，提振市场信心。

3. 负面清单模式有利于提高政策的透明度和可预测性

负面清单列出来所有不符合普遍性义务的特殊措施，向外资提供一站式的法律法规和政策信息，政策透明度高，能够让海外投资者非常清晰明了地掌握东道国的相关投资法规和政策。负面清单在部分领域还会搭配锁定开放水平的条款，例如"冻结条款"就可以保障未来开放程度不低于当前水平；"棘轮条款"则承诺在未来任何一个时间节点上，已承诺的投资开放水平不能倒退，只能实施更高的开放承诺水平，从而提高政策的可预期性，防止出现政策的逆转或倒退。

4. 负面清单模式能够激发投资市场活力和防范风险

负面清单模式的设置将会给予海外投资者更大的投资自由度和实施空间，很大程度上避免了投资审批的繁琐程序，增加了投资行政审批的主题预判。在监管方面，负面清单模式从原先的事前审批转为事中、事后的监管，给予市场主体充分的自主权和准入机会，有利于激发市场的活力。同时，采用负面清单制度有助于加强监管、防范风险。一般而言，负面清单适用于竞争性行业，如金融业，使用负面清单管理模式有利于各国防范金融风险，为未来的监管预留空间。关于未来的不符措施，在谈判协定时可以保留对现有不符措施的修订，或者在将来设立新的不符措施的权利，以此保留自主权，为未来的政策预定空间。

（二）负面清单模式的具体设置

在"一带一路"区域范围内，投资领域的负面清单设置，应该结合区域内的具体情况，充分考虑沿线国家的基本现实和未来发展需求，合理设置负面清单规则的总体规划。

1. 拟定负面清单的单行业范围

总体而言，"一带一路"国家经济贸易、海外投资呈现出发展不均衡的状态，区域内大量发展中国家的整体实力不高，但处于快速增长的阶段。目前很多沿线国家正在积极进行国内产业结构调整与升级，大量新兴行业发展迅速，虽然受各种因素影响，近年的经济发展速度放缓，但总体发展态势是积极乐观的。在这样的大背景下，沿线国家能够以更加开放的态度看待外资准入以及准入后带来的竞争与挑战。未来沿线国家可以考虑结合自己的产业特点，梳理本国各行业的发展现状、竞争能力及面临的发展困境，对本国外资开放行业的整体状况进行专业评估，制作产业发展状况白皮书，并对外资进入行业后的影响进行专业评估，形成相关分析报告，对本国产业进行分类，确定禁止、限制和开放等类型的行业准入范围。

2. 渐进方式确定开放进程

"一带一路"沿线国家行业的开放应当采取循序渐进的方式进行，结合本国的整体经济发展规划和产业结构发展需要，对一些需要或不得不进行外资准入的相关行业设置开放时间表，逐步有序地进行开放。负面清单应重点考察一些特殊、重要领域的行业动态，定期对行业的发展状况、内部变化及行业国际形势进行分析与评估，综合判断，论证行业仍需要的保护期限，以渐进方式开放本国的行业，既可以通过一定程度的开放来吸引外资参与本国经济社会发展，为国内经济发展提供充足的资本，也可以在一定期限内为本国行业的发展争取必要的过渡时间。这样既有利于给广大外国投资者释放扩大开放的积极信号，吸引更多外国投资，也有利于表现出负面清单制定的前瞻性，使本国经济发展更好地融入全球化市场。

3. 明确负面清单的行业分类标准

"一带一路"沿线国家对本国行业的分类应体现国际标准，这样既可以在评估本国行业发展状况的时候采用更加统一、标准的指标体系，使自己的评估结论更加客观与科学；也可以让海外投资者在投资决策前的考察中快速、便捷、高效地了解东道国的行业发展情况，有利于保证海外投资者投资决策的科学性。

4. 明确清单的分列类型

按照当前的普遍做法，"一带一路"沿线国家的负面清单可以依据本国经济发展需要和外资准入的宏观控制，将外资准入的类型明确化，分为不同的类型或领域，如完全禁止领域、限制领域、完全开放领域等。而在这些不同类型中，也可以设置更加细致的准入规则，如领域中不同行业可以设置具体的外资比例、审批要求、当地成分等条件。此外，各国在设置这些负面清单的类型时，可以采用渐进的方式，设置开放的时间表，从而做到清单有明细，进度有控制。

5. 设立负面清单的解释规则

在设置了规范的负面清单规则后，对该规则的解释也是保障"一带一路"区域内海外投资顺利进行的重要保障，对规则的应用和发展具有重要作用。对此，可以考虑设置明确、专业的清单解释机构，通过立法明确清单解释权的归属。同时，将解释机构定位为常设机构，随时进行相关规则的答疑工作。同时，应当制定能为解释者提供可操作的解释标准，包括解释的程序规则与实体规则，确保能够按照确定的解释程序对负面清单进行解释。这样，既能使海外投资者准确把握东道国的准入行业，也可以帮助东道国的主管部门及时了解海外投资者在履行清单过程中的反馈信息，从而形成良性互动，保障外资引入更加顺畅。

（三）我国负面清单模式的应对

当前，我国已经开始全面实施负面清单模式，而 RCEP 的达成使我国在区域自贸协定中的负面清单模式使用达到了很高的水平。但是总体而言，我国对负面清单模式的使用还处于探索与实践调整阶段①。在"一带一路"倡议背景下，我国应当充分学习和研究美国、欧盟等发展较为成熟的负面清单范本，积累一定的经验，更好地服务于我国海外投资领域的发展目标。未来，"一带一路"区域内的负面清单模式，我国可以做出如下应对：

1. 统一行业分类标准

在海外投资领域的负面清单模式使用上，其核心内容就是对各个成员方的国内市场行业的开放程度，它是通过列举禁止或限制开放的具体行业来展现的。我国国内行业分类标准应当与国际通行的行业分类标准保持一致，增加负面清单的透明度和准确度。这样既有利于与"一带一路"沿线国家在进行负面清单事宜磋商时保持统一的国际标准，也有利于我国在进行海外投资规则谈判时保持与我国的实际开放水平和开放意愿保持一致。此外，在具体的行业表述中，要充分考量我国与磋商各方的实际产业发展情况，为我国产业未来的发展预留一定的政策回旋空间。

2. 增强负面清单规则表述的准确性

我国在进行"一带一路"区域负面清单规则的磋商和文本拟定时，应提升规则阐述的水平，反复磨炼，加强规则表述的准确性，减少模糊性和不确定性。特别是对负面清单所限制的内容、限制的方式等事项进行准确且精练的解释，尽可能详尽地表述负面清单所要表达的具体含义，并进行一些补充或附件说明。这样就可以为海外投资者提供较为明确的清单指引和投资预判，降低或消除投资者对负面清单存在理解偏差的可能性。在具体的限制条款中，应当明确限制条件的实施范围和适用情形，不能笼统表述为需要进行审查或批准，而应当将具体明确的条件或程序列举出来。此外，在投资负面清单中，要将更为优惠的投资便利政策单独列出，使外国投资者能够更为便捷地了解可能获得的优惠待遇。

3. 应将需要保护的产业进行单独规定

在"一带一路"区域内进行负面清单磋商时，应该注意对我国未来需

---

① 李思奇，牛倩. 投资负面清单制度的国际比较及其启示 [J]. 亚太经济，2019（4）：103.

要大力发展或保护的核心产业进行单独规定。例如，可以学习和借鉴《美墨加三国协议》（USMCA）投资章节负面清单的附件Ⅱ，明确保留对尚未出现的新产业或较敏感行业制定未来不符措施的权利，尝试对可能反复的外资准入措施进行单独列出或集中列出，以此作为我国未来进行投资规则谈判时的压力测试区①。我国可以将对当前的投资负面清单进行实时的修订，可以对制造业、金融业、租赁和商务服务业等行业的限制情况在附件中加以具体说明，这样就可以为未来的行业开放保留政策空间，以便未来做出更为灵活有效的处理。在具体的产业限制方面，应当依据国内的产业结构现状和未来发展目标，来区分我国的优势产业和劣势产业，对优势产业采取宽松自由的开放态度，对劣势产业采取一定的保护措施，对重要性、敏感度及竞争力不同的行业采用不同的外资限制强度，最大限度地维护国家利益。

4. 注重对区域内负面清单情况的研究

我国负面清单制度的发展时间较短，很多具体规则的制定和研究都还不是很完善，这需要加强对国内国外相关市场和制度的详细研究。一方面，我国应当全面梳理目前国内的负面清单制度与相关政策法规，看还有哪些方面需要进一步加强，在政策法规方面为我国负面清单制度的发展提供更好的支撑；另一方面，我国应该充分了解"一带一路"区域内各国的产业发展情况，掌握各国政府当局对本国产业开放的基本态度。同时，我国的海外投资企业也应该重视对投资东道国负面清单制度的研究和分析，了解东道国行业发展态势和未来的发展目标，从而了解东道国产业未来发展的基本走向和趋势，为我国海外投资者的投资做出预判，为海外投资的持续推进提供科学依据。

---

① 李思奇，牛倩. 投资负面清单制度的国际比较及其启示 [J]. 亚太经济，2019（4）：103.

参考文献

（一）中文类

［1］曾华群，余劲松. 促进与保护我国海外投资的法制［M］. 北京：北京大学出版社，2017.

［2］刘颖，邓瑞平. 国际经济法［M］. 北京：中信出版社，2003.

［3］姚梅镇. 国际投资法［M］. 3 版. 武汉：武汉大学出版社，2011.

［4］余劲松. 国际投资法［M］. 北京：法律出版社，1994.

［5］陈安. 国际投资争端仲裁："解决投资争端国际中心"机制研究［M］. 上海：复旦大学出版社，2001.

［6］刘笋. 国际投资保护的法律体制：若干重要法律问题研究［M］. 北京：法律出版社，2002.

［7］尹美群，张敏，盛磊，等. "一带一路"背景下海外投资风险［M］. 北京：经济管理出版社，2018.

［8］王茜，张磊. 多哈回合谈判 2013 年年度报告投资与贸易便利化专题［M］. 北京：法律出版社，2015.

［9］单文华. "丝绸之路经济带"贸易投资便利化法律框架研究［M］. 北京：法律出版社，2018.

［10］何力. 中国海外投资战略与法律对策［M］. 北京：对外经济贸易大学出版社，2009.

［11］徐泉. 国际贸易投资自由化法律规制研究［M］. 北京：中国检察出版社，2004.

［12］徐雅雯. 上海合作组织贸易投资便利化问题研究［M］. 济南：山东大学出版社，2015.

［13］韩秀丽.中国海外投资的环境保护问题研究：国际投资法视角［M］.北京：法律出版社，2013.

［14］梁开银.中国海外投资立法论纲［M］.北京：法律出版社，2009.

［15］张明，王碧珺.中国海外直接投资的利益保护机制研究［M］.北京：中国社会科学出版社，2018.

［16］林钰.国外自贸区投资贸易便利化创新管理体制研究［M］.上海：上海人民出版社，2018.

［17］李小霞.国际投资法中的根本安全利益例外条款研究［M］.北京：法律出版社，2012.

［18］银红武.中国双边投资条约的演进：以国际投资法趋同化为背景［M］.北京：中国政法大学出版社，2017.

［19］邓婷婷.国际投资协定中的公平与公正待遇研究［M］.北京：法律出版社，2017.

［20］张光.国际投资法制中的公共利益保护问题研究［M］.北京：法律出版社，2016.

［21］上海市人民政府发展研究中心.提升投资贸易便利化水平及构建开放型经济新体制［M］.上海：格致出版社，2017.

［22］薛敬孝，李坤望.WTO 新议题：对 APEC 贸易投资自由化、便利化的影响［M］.天津：南开大学出版社，2009.

［23］王海燕.贸易投资便利化：中国与哈萨克斯坦［M］.上海：华东师范大学出版社，2012.

［24］蔡从燕，李尊然.国际投资法上的间接征收问题［M］.北京：法律出版社，2015.

［25］董静然.国际投资法理论与实践.核心专题解析［M］.成都：西南交通大学出版社，2019.

［26］何芳.国际投资法律体系中的外资管辖权研究［M］.北京：法律出版社，2018.

［27］薄克暮.从双边仲裁庭、双边投资法庭到多边投资法院（修订版）［M］.池漫郊，译.北京：法律出版社，2020.

［28］鲁道夫·多尔查，克里斯托弗·朔.国际投资法原则［M］.祁欢，施进，译.北京：中国政法大学出版社，2012.

［29］武芳.中非贸易投资便利化：环境、政策与应对措施［M］.北京：中国商务出版社，2018.

［30］曹建明，丁伟.海外直接投资法律问题比较研究［M］.上海：华东理工大学出版社，1995.

［31］郑之杰."走出去"的法律问题与实践［M］.北京：法律出版社，2013.

［32］小约瑟夫·奈，戴维·韦尔奇.理解全球冲突与合作：理论与历史［M］.9版.张小明，译.上海：上海人民出版社，2012.

［33］刘笋.国际投资仲裁引发的若干危机及应对之策述评［J］.法学研究，2008（6）：141-154.

［34］沈四宝，伏军.构建我国境外投资促进立法的若干思考［J］.法学家，2006（4）：121-127.

［35］张晓君，李文怡."一带一路"国别投资法治环境评估体系的构建［J］.法学杂志，2018（11）：23-34.

［36］马文秀，乔敏健."一带一路"国家投资便利化水平测度与评价［J］.河北大学学报（哲学社会科学版），2016（5）：85-94.

［37］鲍怡婕."投资便利化"的明晰及对中国的参与建议［J］.国际经济法学刊，2018（4）：61-72.

［38］王璐瑶，葛顺奇.投资便利化国际趋势与中国的实践［J］.国际经济评论，2019（4）：140.

［39］卢进勇，冯涌.国际直接投资便利化的动因、形式与效益分析［J］.国际贸易，2006（9）：91-98.

［40］崔日明，黄英婉."一带一路"沿线国家贸易投资便利化评价指标体系研究［J］.国际贸易问题，2016（9）：153-161.

［41］张亚斌."一带一路"投资便利化与中国对外直接投资选择：基于跨国面板数据及投资引力模型的实证研究［J］.国际贸易问题，2016（9）：165-170.

［42］段秀芳，殷祺昊."一带一路"沿线国家投资便利化：水平、挑战与对策——基于熵值法的测度分析［J］.新疆财经，2020（2）：63-65.

［43］马文秀，乔敏健."一带一路"国家投资便利化水平测度与评价［J］.河北大学学报（哲学社会科学版）［J］.2016（5）：85-94.

［44］左思明，朱明侠."一带一路"沿线国家投资便利化测评与中国

对外直接投资 [J]. 财经理论与实践, 2016 (2): 57-63.

[45] 段秀芳, 李雪艳. "一带一路" 背景下中国与周边国家投资便利化水平比较研究 [J]. 新疆财经, 2017 (2): 65-73.

[46] 陈砺, 黄晓玲. 中国与 "一带一路" 沿线国家双向投资与依存度分析 [J]. 国际贸易, 2017 (7): 38-44.

[47] 王漪. "一带一路" 投资须关注沿线国发展动态 [J]. 投资北京, 2018 (6): 61-63.

[48] 朱明侠, 左思明. "一带一路" 沿线国家投资便利化的评价体系研究 [J]. 广东社会科学, 2015 (1): 48-55.

[49] 朱明侠, 左思明. 提升 "一带一路" 沿线国家投资便利化水平应对贸易保护主义研究 [J]. 理论探讨, 2016 (1): 105-110.

[50] 任丹妮. "一带一路" 的投资与贸易便利化问题研究 [J]. 中国国际财经 (中英文), 2016 (17): 25-26.

[51] 李武健. "一带一路" 战略中我国海外投资法律风险研究 [J]. 江西社会科学, 2017 (5): 25-31.

[52] 宋林, 谢伟, 郑雯. "一带一路" 战略背景下我国对外直接投资的效率研究 [J]. 西安交通大学学报 (社会科学版), 2017 (4): 95-106.

[53] 程欣. "一带一路" 背景下我国贸易便利化水平及发展策略 [J]. 中国流通经济, 2016 (6): 110-116.

[54] 文洋. "一带一路" 投资规则发展趋势及协调策略 [J]. 理论视野, 2015 (12): 68-74.

[55] 李志强, 田孝明. "一带一路" 战略新形势下我国国际投资争端解决面临的挑战及应对措施 [J]. 法治论坛, 2016 (2): 59-65.

[56] 张建平, 樊子嫣. "一带一路" 国家贸易投资便利化状况及相关措施需求 [J]. 国家行政学院学报, 2016 (1): 23-29.

[57] 于津平. "一带一路" 沿线各国投资便利化. 事实与对策 [J]. 对外经贸实务, 2020 (2): 6-9.

[58] 庞敏, 张志伟. "一带一路" 沿线国家投资便利化问题研究 [J]. 理论探讨, 2019 (4): 110-114.

[59] 张礼卿, 孙瑾. RCEP 投资便利化条款及其影响 [J]. 长安大学学报 (社会科学版), 2021 (2): 25-26.

[60] 王彦志. RCEP 投资章节. 亚洲特色与全球意蕴 [J]. 当代法学,

2021（2）：44-57.

[61] 黄萍，刘帅，朱佳怡. RCEP 投资规则对中国双向直接投资的影响与策略选择 [J]. 对外经贸实务，2021（9）：29-32.

[62] 沈铭辉. APEC 投资便利化进程：基于投资便利化行动计划 [J]. 国际经济合作，2009（4）：41-46.

[63] 呙小明，梁丹旋，黄森. 亚太经合组织成员投资便利化水平测度研究 [J]. 北方经贸，2021（2）：12-17.

[64] 杨宁. 中国制造业国际转移过程中的问题与对策：基于"一带一路"沿线国家贸易便利化视角 [J]. 对外经贸实务，2017（5）：17-20.

[65] 黄光灿，王珏. 中国对丝路国家直接投资便利化实施路径研究 [J]. 财经理论研究，2016（4）：9-18.

[66] 魏艳茹. 中国—东盟投资便利化法律机制研究. 以中国（广西）自贸区建设为背景 [J]. 广西大学学报（哲学社会科学版），2019（5）：55-62.

[67] 曹监平. 泛北部湾区域贸易与投资便利化合作 [J]. 国际经济合作，2012（9）：70-74.

[68] 李新英，周姿汝. "丝绸之路经济带"沿线国家贸易投资便利化水平时空分析 [J]. 新疆财经，2020（5）：70-80.

[69] 刘永辉，赵晓晖. 中东欧投资便利化及其对中国对外直接投资的影响 [J]. 数量经济技术经济研究，2021（1）：83-97.

[70] 黄绥彪，赵乐为，李季骏. 中国：东盟投资所面临的金融问题分析 [J]. 广西大学学报（哲学社会科学版），2007（5）：4-10.

[71] 刘重力，杨宏. APEC 贸易投资便利化最新进展及中国的策略选择 [J]. 亚太经济，2014（2）：7-15.

[72] 余劲松. 中国发展过程中的外资准入阶段国民待遇问题 [J]. 法学家，2004（6）：6-12.

[73] 邱毅敏. 亚太经济合作投资便利化与中国技术进步 [J]. 学术评论，2008（2）：33-36.

[74] 刘笋. 国际投资与环境保护的法律冲突与协调：以晚近区域性投资条约及相关案例为研究对象 [J]. 现代法学，2006（6）：11-20.

[75] 黄光灿，王珏. 中国对丝路国家直接投资便利化实施路径研究 [J]. 财经理论研究，2016（4）：10-17.

（二）外文类

［1］ M SORNARAJAH. Resistance and change in the international law on foreign investment ［M］. Cambridge：Cambridge University Press，2015.

［2］ BONNITCHA JONATHAN，POULSEN LAUGE N，SKOVGAARD，et al. The political economy of the investment treaty regime ［M］. New York：Oxford University Press，2017.

［3］ YANNACA-SMALL，KARIAEDS. Arbitration under international investment agreements：a guide to the key issues（second edition）［M］. Oxford：Oxford University Press，2018.

［4］ SAUVANT KARL P，PERSEPHONE ECONOMOU，KSENIA GAL，et al. Trends in FDI，home country measures and competitive neutrality，yearbook on international investment law & policy 2012-2013 ［M］. New York：Oxford University Press，2014.

［5］ NIPAWAN P. The ASEAN way of investment protection：an assessment of the ASEAN comprehensive investment agreement ［D］. Glasgow：University of Glasgow，2015.

［6］ SAUVANT K. The evolving international investment law and policy regime：ways forward，synthesis of the policy options ［J］. Social Science Electronic Publishing，2016（9）：161-163.

［7］ GABRIEL V. The new brazilian cooperation and facilitation investment agreement：an analysis of the conflict resolution mechanism in light of the theory of the shadow of the law ［J］. Conflict Resolution Quarterly，2016，34（2）：180-231.

［8］ ECHANDI R，SAUVE P. Investment facilitation and mode 3 trade in services：are current discussions addressing the key issues? ［J］. Policy Research Working Paper Series，2020：98-102.

［9］ AHMAD GHOURI. What next for international investment law and policy：a review of the UNCTAD global action menu for investment facilitation ［J］. Manchester Journal of International Economic Law，2018，15（2）：190-213.

[10] COOKE J, EVANS P, FINDLAY L. Expanding WTO rules? Should there be WTO rules oncompetition, investment, tradefacilitation and transparency ingovernment procurement? A federal trust report on the singapore issues [J]. Federal Trust for Education & Research, 2003 (1): 78.

[11] KAVALJIT SINGH. Investment facilitation: another fad in the offing [J]. Columbia FDI Perspectives, 2018 (232): 151-186.

[12] HARDING T, JAVORCIK B. Roll out the red carpet and they will come: Investment promotion and FDI inflows [J]. The Economic Journal, 2011, 121 (557): 1445-1476.

[13] NARAYANAN BADRI G. Sustainable development implications of trade and investment liberalization in Asia and the Pacific. [J]. Art-Net Working Paper Series, 2017 (173): 23-32.

[14] SAUVANT KARL P. Enabling the full participation of developing countries in negotiating investment facilitation frameworks for development [J]. Colombia Foreign Direct Investment Outlook, 2020 (6): 275.

[15] BERGER A, GSELL S, OLEKSEYUK Z. Investment facilitation for development: a new approach to global investment governance [J]. Briefing document, 2019 (5): 35.

[16] BADIN M R S, MOROSINI F, XAVIER J E C. Investment regulation in Brazil and Angola: internal factors, international context and the design of the Investment Cooperation Facilitation Agreement [J]. Brazilian Journal of Strategy & International Relations, 2016, 5 (9): 208-234.

[17] VALENZUELA C C. International arbitration as a mechanism to attract and protect foreign investment. Brazil's objections to the system, alternative models of the agreement on investment cooperation and facilitation (ACFI) and EU Reform proposals [J]. Transnational Dispute Management, 2020, 17 (2): 59-90.

[18] MONEB HURRUN N. Novelties in international investment law: Brazilian agreements on cooperation and promotion of investments as different models of international investment agreements [J]. Journal of International Dispute Resolution, 2017, 1 (1): 79-100.

[19] MAGGETTI M, CHOER MORAES H. Decision-making in Brazilian investment treaties: policy learning in the context of post-passage [J]. Public Policy Learning, 2018 (7): 295-316.

[20] MUELLER D C, PEEV E. Corporate governance and investment in Central and Eastern Europe [J]. Journal of Comparative Economics, 2007, 35 (2): 415-419.

[21] BRENTON P, DI MAURO F, LÜCKE M. Economic integration and FDI: An empirical analysis of foreign investment in the EU and in Central and Eastern Europe [J]. Empirica, 2009, 26 (2): 95-101.

[22] BENACEK V, GRONICKI M, HOLLAND D. The determinants and impact of foreign direct investment in Central and Eastern Europe: a comparison of survey and econometric evidence [J]. Transnational corporations, 2000, 9 (3): 163-165.

[23] GHOURI A. Served on a silver platter? A review of the UNCTAD global action menu for investment facilitation [J]. Indian Journal of International Law, 2018, 25 (5): 1-32.

[24] RABE W, GIPPNER O. Perceptions of China's outward foreign direct investment in European critical infrastructure and strategic industries [J]. International Politics, 2017, 54 (4): 1-19.

[25] ITAKURA K. Impact of liberalization and improved connectivity and facilitation in ASEAN [J]. Journal of Asian Economics, 2014, 35 (3): 2-9.

[26] RIVERA J P R, LAGDAMEO B R S. Establishment of ASEAN economic community through investment integration [J]. Asia-Pacific Social Science Review, 2013, 13 (1): 98

[27] SAUVANT K P. China, the G20 and the International Investment Regime [J]. China & World Economy, 2016, 24 (4): 73-92.

[28] GHOURI A. What next for international investment law and policy? A review of the UNCTAD global action menu for investment facilitation [J]. Manchester Journal of International Economic Law, 2018, 15 (2): 190-213.

[29] AUSTRIA, MYRNA S. Investment liberalization and facilitation in Asia-Pacific: can APEC make a difference? [J]. Annual Alliance Meeting of

APEC Research Centers. 2002, 22 (5): 46.

[30] HU, RICHARD W X. APEC and the future Asia-Pacific Regional Architecture. [J]. U. S. Foreign Policy Interests, 2009, 31 (1): 12-22.

[31] BARRA B, GRAHAM E. Can APEC cash in on investment? APEC: progress to date and a future agenda [J]. Institute for International Economics, Washington, DC, 1997 (10): 69-82.

[32] RAJAN R S, LEE H H. Cross-border investment linkages among APEC economies: a case study of foreign direct investment [J]. Korea Trade, 2011, 15 (3): 89-123.